SCHRIFTEN ZUR GELDTHEORIE UND GELDPOLITIK

Herausgegeben von
Prof. Dr. Hans-Hermann Francke, Freiburg
Prof. Dr. Alois Oberhauser, Freiburg

Band 12

Finanzinnovationen und Geldpolitik

Ernst Ludes

Centaurus Verlag & Media UG 1995

Zum Autor: *Dr. Ernst Ludes* studierte Volkswirtschaft an den Universitäten Innsbruck und Freiburg. Master of Business Administration an der Western Illinois University 1990 als Fulbright-Stipendiat. 1994 Promotion an der Universität Freiburg. Gegenwärtig ist er als Unternehmensberater tätig.

Die Deutsche Bibliothek – CIP-Einheitsaufnahme

Ludes, Ernst:
Finanzinnovationen und Geldpolitik / Ernst Ludes. –
Pfaffenweiler : Centaurus-Verl.-Ges., 1995
(Schriften zur Geldtheorie und Geldpolitik ; Bd. 12)
Zugl.: Freiburg (Breisgau), Univ., Diss., 1994
ISBN 978-3-89085-943-9 ISBN 978-3-86226-396-7 (eBook)
DOI 10.1007/978-3-86226-396-7
NE: GT

ISSN 0941-1194

Satz: Vorlage des Autors

Inhaltsverzeichnis

Seite

Seite

Tabellenverzeichnis

Abbildungsverzeichnis

Abkürzungsverzeichnis

AaPA	Auszüge aus Presseartikeln
Abs.	Absatz
AER	American Economic Review
ATM	Automatic Teller Machine
ATS	Automatic Transfer Service
Aufl.	Auflage
BA	Bankautomation
Bd.	Band
BIS	Bank for International Settlements
BPEA	Brooking Papers on Economic Activity
Btx	Bildschirmtext
BBankG	Bundesbankgesetz
CMS	Cash-Management-Systeme
DAX	Deutscher Aktienindex
DTB	Deutsche Terminbörse
EB	Electronic Banking
ec	eurocheque
Ed.	Edition
EE	Einkommenseffekt
EFTS	Electronic Fund Transfer System
FAZ	Frankfurter Allgemeine Zeitung
FIBOR	Frankfurt interbank offered rate
FK	Firmenkundengeschäft
FRAs	Forward Rate Agreements
FRBM	Federal Reserve Bank of Minneapolis
FRBNY	Federal Reserve Bank of New York
FRBStL	Federal Reserve Bank of St. Louis
FRNs	Floating Rate Notes

GAA	Geldausgabeautomaten
GG	Grundgesetz
GWB	Gesetz gegen Wettbewerbsbeschränkungen
GZS	Gesellschaft für Zahlungssysteme
H.	Heft
HB	Home Banking
Hrsg.	Herausgeber
JBF	Journal of Banking and Finance
JBR	Journal of Bank Research
JDP	Journal of Development Planning
JEL	Journal of Economic Literature
JEP	Journal of Economic Perspective
JF	Journal of Finance
JFE	Journal of Financial Economics
Jg.	Jahrgang
JMCB	Journal of Money Credit and Banking
JME	Journal of Monetary Economics
JPE	Journal of Political Economy
KAGG	Gesetz über Kapitalanlagegesellschaften
KuK	Kredit und Kapital
KWG	Gesetz über das Kreditwesen
lfd.	laufende
LIBOR	London interbank offered rate
NEER	New England Economic Review
NF	Neue Folge
No.	Number
NOW	Negotiable Orders of Withdrawal
Nr.	Nummer

MB	Monatsberichte der Deutschen Bundesbank
MMMF	Money Market Mutual Fund
Mrd.	Milliarde/n
OCD	Other Checkable Deposits
ÖBA	Österreichisches Bankarchiv
OECD	Organization for Economic Cooperation and Development
o.V.	ohne Verfasser
p.a.	per annum
PK	Privatkundengeschäft
PoS	Point of Sale
QJE	Quarterly Journal of Economics
SEJ	Southern Economic Journal
SNOW	Super Negotiable Orders of Withdrawal
SWIFT	Society for Worldwide Interbank Telecommunications
Tab.	Tabelle
US$	United States Dollar
VE	Vermögenseffekt
Vol.	Volumen
WD	Wirtschaftsdienst
WiSt	Wirtschaftswissenschaftliches Studium
ZfB	Zeitschrift für Betriebswirtschaft
ZfgK	Zeitschrift für das gesamte Kreditwesen
ZfWSW	Zeitschrift für Wirtschafts- und Sozialwissenschaften
ZgS	Zeitschrift für gesamte Staatswissenschaft

A. Einführung

I. Problemstellung

Nach der Überwindung der Rezession von 1981/82 wandelten sich die 80er Jahre in ein Jahrzehnt des Wachstums der Industrienationen. Dieses Wachstum wurde begleitet von einer überproportionalen Expansion und einem strukturellen Wandel der Finanzmärkte. Als ein Ergebnis des noch anhaltenden Wandlungsprozesses entstanden neue Finanzierungsinstrumente, die sich vor allem durch eine Senkung der mit den finanziellen Transaktionen verbundenen Kosten und/oder eine Steigerung des Ertrages liquider Finanzaktiva auszeichnen. Diese neuen Finanzierungsinstrumente, die man allgemein unter dem Begriff "Finanzinnovationen" zusammenfaßt, können zu einer grundlegenden Veränderung der Zahlungsgewohnheiten der Wirtschaftssubjekte führen. Für die Geldpolitik stellt sich deshalb die Frage, ob die bisher unterstellten Relationen von Zwischen- und Endziel auch weiterhin Gültigkeit besitzen bzw. welche Anpassungen die Notenbank in ihrem Verhalten vornehmen muß, um eine erfolgreiche Stabilisierungspolitik zu betreiben.

Das Ausmaß des strukturellen Wandels an den nationalen Finanzmärkten ist unterschiedlich. Eine Vorreiterrolle übernehmen die USA. In der Bundesrepublik Deutschland haben sich demgegenüber einige der neuen Finanzierungsinstrumente noch nicht etabliert. Allgemein wird allerdings mit einer zunehmenden Verbreitung der Finanzinnovationen auch hierzulande gerechnet. Ein Grund dafür liegt in dem vom EG-Binnenmarkt auf den deutschen Finanzmarkt ausgeübten Liberalisierungsdruck. Der dadurch zunehmende Wettbewerb im deutschen Finanzsektor wird aller Voraussicht nach zu einer verstärkten Anwendung der neuen Finanzprodukte führen. Vor diesem Hintergrund ist es zu verstehen, daß seit dem Ende der 80er Jahre auch in der Bundesrepublik Deutschland ein zunehmendes Interesse an der Fragestellung verzeichnet wird, inwiefern das Phänomen "Finanzinnovation" die geldpolitische Stabilisierungspolitik beeinflußt. Im deutschen Sprachraum sind bisher vier umfangreichere Publikationen zu diesem Thema erschienen: Herz (1988), Ruckriegel (1989), Zmarzly (1990) und Blank (1991).

Herz (1988) kommt in seiner Untersuchung zu dem Ergebnis, daß während des monetären Strukturwandels "das mechanische Festhalten an Regeln kontraproduktiv" wirkt, "indem es eine zu expansive bzw. zu kontraktive Politik induzieren kann." Stattdessen soll die Notenbank "eine Politik der Regelbindung mit pragmatisch angewandtem Ausnahmevorbehalt" verfolgen. "Ihr diskretionärer Handlungsspielraum soll durch wenige klare Regeln eingegrenzt - nicht abgeschafft - werden, um ein zielkonformes Verhalten auch in einer innovativen, von unvorhersehbaren Entwicklungen geprägten Umwelt zu ermöglichen."[1] Ruckriegel (1989) diskutiert demgegenüber weniger den Gesamteffekt des Strukturwandels als vielmehr die Wirkungen einzelner Finanzinnovationen auf die Geldpolitik. Er resümiert, daß die Neuerungen im finanziellen Sektor "eine mögliche Beeinträchtigung der Aussagekraft der Geldmengenaggregate"[2] hervorrufen. Zmarzly (1990) gelangt zu dem Schluß, daß trotz des Strukturwandels im Finanzsektor "diskretionäre Ermessensentscheidungen weitgehend vermieden werden" können. Eine Geldmengenregel wäre "politisch jedoch kaum durchzusetzten", weshalb es der Zentralbank obliege, "durch die Ankündigung und Einhaltung von mittelfristigen Geldmengenzielen ohne großzügige Bandbreiten die Erwartungsbildung im Privatsektor über den Kurs der Geldpolitik zu erleichtern und den Grad der Geldwertsicherheit zu steigern."[3] In ähnlicher Weise argumentiert Blank (1991). Er sieht zwar eine "Schwächung der geldpolitischen Wirkungsmacht" als Folge von Finanzinnovationen, jedoch glaubt er, daß ein "Konzept der flexiblen Geldpolitik rasch zu einem perspektivlosen und hektischen Aktionis-

---

1 Herz (1988), S. 191/2.

2 Ruckriegel (1989), S. 203.

3 Zmarzly (1990), S. 278.

mus verkommt, der die Schwankungen der Gesamtnachfrage nicht abschwächt, sondern verstärkt." Die Geldpolitik sollte sich besser "frühzeitig auf das zurückziehen, was sie auf absehbare Zukunft zu leisten vermag, nämlich die verläßliche Setzung stabiler Rahmendaten auf dem Wege einer vorhersehbaren und regelgebundenen Versorgung der Wirtschaft mit Zentralbankgeld."[4]

Die Auszüge aus diesen Veröffentlichungen zeigen, daß weder Einigkeit über die Wirkungsrichtung von Finanzinnovationen auf die Geldpolitik noch über die geeignete Reaktion der Notenbank besteht. Daher sollen in dieser Arbeit die bisherigen theoretischen Schlußfolgerungen über die Wirkungen von Finanzinnovationen auf die Geldpolitik neu überprüft werden mit dem Ziel, der Deutschen Bundesbank konkrete Handlungsalternativen empfehlen zu können.

II. Aufbau der Arbeit

Für die Bearbeitung der Themenstellung erscheint die folgende Vorgehensweise zweckmäßig: Kapitel B unterteilt zunächst die Finanzinnovationen in vier Gruppen. Zweck dieser Klassifikation ist es, eine für die geldtheoretische Analyse sinnvolle Abstraktion von einzelnen Finanzmarktinstrumenten vorzunehmen. Des besseren Verständnisses wegen erscheint es dabei auch sinnvoll, die konkreten Innovationen kurz zu beschreiben und den einzelnen Gruppen zuzuordnen. Im Anschluß daran werden Entwicklung und Ursachen der Finanzinnovationen dargestellt und der Stand in der Bundesrepublik Deutschland zusammengefaßt. Dabei werden zunächst Überlegungen angestellt, die die Finanzinnovationen als ein Ergebnis strategischer Produktentscheidungen der Unternehmen erscheinen lassen. Außerdem werden bei der Erklärung des Innovationsphänomens diejenigen Marktfaktoren und Finanzmarkttrends aufgezeigt und diskutiert, die das Entstehen von Fi-

---

4 Blank (1991), S. 185.

nanzinnovationen begünstigt haben. Das Kapitel soll also Klarheit darüber verschaffen, welche Finanzinnovationen es gibt, warum sie entstanden sind und wieso sich die Entwicklung in der Bundesrepublik Deutschland unterscheidet von der in den USA.

Kapitel C versucht die geldpolitischen Implikationen der Finanzinnovationen zu erfassen. Dabei wird zunächst die Frage gestellt, ob eine zunehmende Verbreitung von Finanzinnovationen zu einer fundamentalen Änderung unserer heutigen Geldordnung führt. In diesem Zusammenhang werden die Möglichkeit eines Systems mit monetärer Funktionentrennung sowie der Währungswettbewerb als alternative Geldordnung behandelt. Der Übergang zu einer derartigen Geldordnung erscheint allerdings nicht plausibel, was den Weg ebnet, die weitere Analyse in herkömmlichen geldtheoretischen Denkmodellen durchzuführen.

In diesem Rahmen sind zwei Fragestellungen für die Geldpolitik von besonderem Interesse: Die Wirksamkeit des monetären Transmissionsmechanismus' sowie die Wahl des geldpolitischen Zwischenziels. Im Kontext der ersten Frage wird diskutiert, wie Zinszahlungen auf Transaktionskonten, eine erhöhte Substituierbarkeit von Vermögensaktiva, eine verringerte Nachfrage nach Zentralbankgeld und eine etwaige veränderte Zinselastizität der Investitionsnachfrage den monetären Transmissionsmechanismus berühren. Als Analyseinstrumente werden ein Portfolio-Modell vom Brunner/Meltzer/Tobin-Typ, ein IS-LM-Modell und der geldpolitische Angebotsmultiplikator verwendet. Bei der zweiten Fragestellung wird untersucht, ob eine Notenbank im Lichte von Finanzinnovationen Geldmengenziele verfolgen sollte. Zur Klärung dieser Frage wird das Poole-Kriterium angewandt. Im Anschluß daran werden die Ergebnisse dieser Analyse mit den Erfahrungen der USA verglichen.

Im nächsten Schritt sollen die aus den theoretischen Überlegungen abgeleiteten Schlüsse für das geldpolitsche Konzept der Deutschen

Bundesbank nutzbar gemacht werden. Da die Bundesbank kein eingleisiges, einer bestimmten monetären Denkrichtung zugehöriges Konzept verfolgt, erscheint es sinnvoll, ihr monetäres Konzept kurz darzustellen. Danach werden die von Finanzinnovationen verursachten Beeinträchtigungen des Bundesbank-Konzeptes dargelegt. In diesem Zusammenhang wird auf die von Finanzinnovationen induzierten Schwierigkeiten bei der Einhaltung von Geldmengenzielen eingegangen. Außerdem wird eine veränderte Indikatorwirkung der Ankündigung von Geldmengenzielen erörtert, und es werden die Probleme bei der Bestimmung der relevanten Geldmenge aufgezeigt. Das Kapitel schließt mit einem Reformvorschlag des Bundesbank-Konzeptes.

B. Klassifikation und Entwicklung der Finanzinnovationen

I. Geldtheoretisch relevante Klassifikation der Finanzinnovationen

1. Anforderungen an die Klassifikation

Bevor eine geldtheoretisch relevante Klassifikation der Finanzinnovationen gegeben werden kann, muß der Begriff "Finanzinnovation" geklärt werden.[5] Im allgemeinen wird unter Finanzinnovation ein neues Finanzierungsinstrument verstanden. Probleme wirft die so gewählte Definition auf, weil sie per se kein Kriterium liefert, anhand dessen entschieden werden kann, welche Finanzierungsinstrumente neu und welche alt sind.[6] Folglich muß ein solches Operationalitätskriterium entwickelt werden.

Zu diesem Zweck unterscheidet Büschgen (1986) drei verschiedene Dimensionen: die zeitliche Dimension, die Subjektsdimension und die Intensitätsdimension. Als Finanzinnovationen werden dann diejenigen Finanzierungsinstrumente bezeichnet, die mindestens hinsichtlich einer der drei Dimensionen Neuartigkeitscharakter aufweisen.

Die zeitliche Dimension stellt die Frage nach dem Zeitraum, in dem eine Leistung noch als neu anzusehen ist. Generelle Aussagen darüber lassen sich jedoch kaum treffen, da je nach Leistungsart der Prozeß der Invention, Innovation und Imitation mit unterschiedlicher Ge-

---

5 Der Begriff "Finanzinnovation" wird in der Literatur nicht einheitlich verwendet. Einen Überblick über die verschiedenen Definitionen gibt Franzen (1988).

6 In diesem Zusammenhang weist Niehans (1983) darauf hin, daß vieles von dem, was wir heute als Innovation bezeichnen, auch mittelalterlichen Bankern aus Genua und Venedig bekannt war. Die sogenannte Tulpenzwiebelkrise im Jahre 1637 stellt beispielsweise den Zusammenbruch des ersten Future Marktes dar. Vgl. Welcker und Thomas (1981).

schwindigkeit abläuft. Speziell im Bereich der Finanzdienstleistungen, der keinen Patentschutz kennt, ist die Imitationsgeschwindigkeit relativ hoch.

Die Subjektsdimension untersucht, für wen eine Leistung neu ist. Finanzierungsinstrumente, die in einigen Ländern bzw. am Euromarkt schon länger bekannt sind, sind in anderen Ländern noch nicht oder erst seit kurzem zugelassen.

Die dritte Dimension, die Intensitätsdimension, überprüft die Bedeutung der neuen Leistungen. Sie versucht, zwischen bedeutungsvollen und bedeutungslosen Innovationen zu unterscheiden. Dabei wird sowohl qualitativen als auch quantitativen Aspekten Rechnung getragen. Sie stellt häufig ein zweckmäßiges Operationalitätskriterium dar, weil einige Finanzierungsinstrumente, wie beispielsweise die Terminmarktinnovationen, schon lange existieren, ihre Bedeutung jedoch erst in den letzten Jahren derart zugenommen hat, daß sie Gegenstand geldpolitischer Untersuchungen geworden sind.

Für die geldtheoretische Analyse reicht die Präzisierung des Begriffs "Finanzinnovation" jedoch nicht aus. Die Finanzinnovationen müssen zudem in Gruppen unterteilt werden. Die Notwendigkeit zu einer Klassifizierung ergibt sich einerseits aus der Vielzahl der finanziellen Innovationen, die in den letzten Jahren die Märkte überschwemmt haben. Durch eine Zusammenfassung in Gruppen von Finanzinnovationen mit ähnlichen geldtheoretischen Charakteristika kann die Analyse vereinfacht werden. Andererseits wäre die Untersuchung zu ungenau, wenn auf eine Differenzierung der neuen Finanzierungsinstrumente verzichtet und lediglich allgemein von "Finanzinnovationen" gesprochen würde. Ziel der Klassifizierung ist es also, den geeigneten Detaillierungsgrad der Untersuchung vorzugeben.

Außerdem muß die Einteilung der Finanzinnovationen für eine geldtheoretische Analyse zweckmäßig sein, und es müssen sich alle Finanzinnovationen in ihr subsumieren lassen.[7] Sofern auch zukünftige Finanzinnovationen sich einer oder mehreren der Gruppen zuordnen lassen, wird ihre geldpolitische Analyse vereinfacht. Folglich sollte die Klassifikation auch zukünftigen Marktentwicklungen einen gewissen Spielraum einräumen und nicht zu eng gefaßt werden.

Alle genannten Kriterien erfüllt die folgende Klassifikation, die vier Gruppen von Finanzinnovationen unterscheidet:[8]

(1) Finanzinnovationen, die die Transaktionskasse verzinsen
(2) Geldnahe Finanzinnovationen
(3) Finanzinnovationen, die die Transaktionskosten bei der Substitution von Finanzaktiva senken
(4) Risikotransferierende Finanzinnovationen

Bei der Auswahl der für diese Arbeit relevanten Innovationen spielen die verschiedenen Dimensionen insofern eine Rolle, als lediglich solche Finanzierungsinstrumente den Gegenstand dieser Untersuchung bilden, die für die Bundesrepublik Deutschland (Subjektdimension) in der Vergangenheit (zeitliche Dimension) Bedeutung (Intensitätsdimension) erlangt haben oder in der Zukunft aller Voraussicht nach erlangen werden. Der Zeitraum, den dabei die Vergangenheit umfaßt, beginnt mit dem Übergang zu einem System flexibler Wechselkurse im Jahre 1973. Wie noch zu zeigen sein wird, war diese Veränderung der makroökonomischen Rahmenbedingungen ausschlaggebend für die Entwicklung zahlreicher Finanzinnovationen, vor allem der Gruppe 4. Der Blick in die Zukunft richtet sich auf die Verwirklichung des Europäischen Binnenmarktes. Mit ihr ist zu erwarten, daß bislang in der Bun-

---

7 Dabei kann allerdings nicht gefordert werden, daß eine eindeutige Zuordnung der neuen Finanzierungsinstrumente in eine der Kategorien erfolgt, da ein Instrument häufig mehrere Funktionen wahrnimmt.

8 Eine ähnliche Differenzierung trifft Francke (1987). Er faßt die Finanzinnovationen der Gruppe 3 und 2 zusammen und unterscheidet somit lediglich drei Gruppen von Finanzinnovationen.

desrepublik Deutschland nicht vorhandene Innovationen den deutschen Markt erobern werden. Dazu zählen insbesondere Finanzinnovationen der Gruppe 1, deren Gebrauch unter Umständen weitreichende geldpolitische Konsequenzen nach sich zöge.

2. Die Klassifikation

2.1 Finanzinnovationen, die die Transaktionskasse verzinsen (Gruppe 1)

Finanzinnovationen, die die Kassenhaltung verzinsen, sind in den USA entstanden. Sie stellen verzinsliche Transaktionskonten dar und werden in den USA unter dem Begriff der "Other Checkable Deposits" (OCD) zusammengefaßt. Hierzu gehören der Automatic Transfer Service (ATS),[9] die Negotiable-Orders-of-Withdrawal-(NOW)-Konten und die Super-NOW-(SNOW)-Konten.

Der ATS, der seit 1978 in den USA existiert, stellt einen Verrechnungsdienst der Kreditinstitute zwischen Spar- und Girokonten dar. Nach Einrichten eines gesonderten ATS-Kontos werden die Verrechnungskonten auf einem vorher vereinbarten Stand gehalten. Dadurch ermöglicht es der ATS, Sichtguthaben zu verzinsen, die ursprünglich als unverzinsliche Einlagen gehalten werden mußten.

NOW-Konten sind seit 1981 in den gesamten USA erlaubt.[10] Sie stellen scheckfähige Transaktionskonten dar, deren Einlagen mit maximal 5,25 % verzinst werden. Die Anzahl der erlaubten Abhebungen

---

9 Die ATS-Konten könnten theoretisch auch den Finanzinnovationen der Gruppe 3 zugeordnet werden. Die hier gewählte Kategorisierung folgt der Einteilung der amerikanischen Notenbank, die auch die ATS-Konten zu den OCDs zählt.

10 Seit 1972 gab es sie schon in einigen Neu-England-Staaten, seit 1978 im Staat New York und seit 1979 in New Jersey. Einen Überblick über die Entwicklung der NOW Konten der Jahre 1972-1980 gibt Kimball (1980).

pro Monat ist unbegrenzt. Auch müssen NOW-Konten keine Mindestguthaben aufweisen.

Tabelle 1: Die Entwicklung der OCDs

	OCDs (% von M1)	OCDs (% der Transaktionskonten)
1981	17,5	24,7
1982	21,3	29,9
1983	24,9	35,0
1984	26,1	37,0
1985	28,4	40,2
1986	31,8	43,8
1987	34,6	47,5
1988	35,7	49,5
1989	35,6	50,0

Quelle: Berechnungen aus den statistischen Veröffentlichungen des Board of Governors

Im Gegensatz zu den NOW-Konten gibt es bei den seit 1983 existierenden SNOW-Konten keine Zinsobergrenzen. Auch können SNOW-Konten nur von Regierungsstellen, gemeinnützigen Organisationen und Privatpersonen eröffnet werden. Weiterhin unterscheiden sie sich von den NOW-Konten durch das Erfordernis eines Mindestbestandes von 2.500 Dollar. Die monatliche Anzahl der Überweisungen ist gleich den NOW-Konten unbegrenzt. Die SNOW-Konten können daher ebenfalls zu den Transaktionskonten gerechnet werden.

Einen Überblick über die zunehmende Bedeutung der OCDs in den USA vermittelt Tabelle 1. Zwischen 1981 und 1989 vergrößerte sich der Anteil der OCDs an der Geldmenge M1 von 17,5 % auf 35,6 %. Im gleichen Zeitraum wuchs der Anteil der OCDs an den gesamten Transaktionskonten (OCDs + Demand Deposits) von 24,7 auf 50 %.

Bei der großen Bedeutung der OCDs an der gesamtwirtschaftlichen Kassenhaltung der USA ist es um so erstaunlicher, daß diese Finanzinnovationen sich am deutschen Markt noch nicht durchsetzen konnten. In der Bundesrepublik bietet lediglich die Banco de Santander Inhabern einer Santander-Visa-Kreditkarte ein auf Peseten lautendes Girokonto an, auf das Guthabenzinsen gezahlt werden.[11] Ein solches Konto verlangt allerdings eine Mindesteinlage von umgerechnet DM 13.000. Das Sichtguthaben kann jederzeit mit den banküblichen Transaktionskosten wieder in D-Mark zurückgetauscht werden. Natürlich trägt der Inhaber eines solchen Kontos das Wechselkursrisiko. Es ist daher nur bedingt mit den amerikanischen OCDs zu vergleichen.

Ein Grund für das Fehlen von verzinslichen Transaktionskonten in der Bundesrepublik Deutschland liegt in den rechtlichen Rahmenbedingungen des Kreditgewerbes. Der § 102 des Gesetzes gegen Wettbewerbsbeschränkungen (GWB) nimmt die Bank- und Versicherungswirtschaft vom grundsätzlichen Kartellverbot des GWB aus (Bereichsausnahme). Nach § 102 Abs. 1 Satz 1 GWB finden die §§ 1 (Unwirksamkeit wettbewerbsbeschränkender Vereinbarungen), 15 (Nichtigkeit von Verträgen über Preisgestaltung oder Geschäftsbedingungen) und 38 Abs. 1 Nr. 11 GWB (Ordnungswidrigkeiten)[12] keine Anwendung auf Verträge und Empfehlungen von Kreditinstituten oder Versicherungsunternehmen. Das Bundeskartellamt kann zwar im Einvernehmen mit der zuständigen Aufsichtsbehörde - im Fall der Banken ist dies das Bundesaufsichtsamt für das Kreditwesen - bei einem Mißbrauch der Freistellung von den genannten Paragraphen einschreiten und die vereinbarten Verträge und Beschlüsse im Sinne des § 1 GWB (Unwirksamkeit wettbewerbsbeschränkender Vereinbarungen) als unwirksam

---

11 Die Zinsen darauf betrugen im Oktober 1990 10,5 %. Guthabenanteile über der Mindesteinlage werden mit 11,5 % vergütet. Vgl. o.V. (1990).

12 § 38 Abs. 1 Nr. 11 lautet: "Ordnungswidrig handelt, wer Empfehlungen ausspricht, die eine Umgehung der in diesem Gesetz ausgesprochenen Verbote oder der von der Kartellbehörde auf Grund dieses Gesetzes erlassenen Verfügungen durch gleichförmiges Verhalten bewirken."

erklären.[13] Aufgrund ihrer unterschiedlichen Aufgabenstellung ist das Einvernehmen zwischen beiden Behörden jedoch nicht leicht herzustellen und steht einer wirksamen Mißbrauchskontrolle entgegen.[14] Kann keine Einigung erzielt werden, "so ersetzt die Weisung des Bundesministers für Wirtschaft das Einvernehmen der zuständigen Behörden".[15] Basierend auf diesen gesetzlichen Vergünstigungen haben die Banken in der Vergangenheit durch Verbandsempfehlungen ihr Verhalten bezüglich Kontoführungsgebühren und Habenzinsen koordiniert. So verstanden sie es, die Zahlung marktgerechter Zinsen auf Giro- und Sparkonten zu verhindern.

Die Nutzung von Sparkonten als Transaktionskonten ist in der Bundesrepublik gesetzlich verboten. § 21 Abs. 2 des Gesetzes über das Kreditwesen (KWG) verbietet die Annahme von Geldbeträgen als Spareinlagen, "die zur Verwendung im Geschäftsbetrieb oder für den Zahlungsverkehr bestimmt sind". Dennoch besteht hierin grundsätzlich kein Hinderungsgrund für die Kreditinstitute, einen dem amerikanischen ATS ähnlichen Transfer zwischen Spar- und Girokonten anzubieten.

Entscheidend für die Rückständigkeit der Bundesrepublik Deutschland im Bereich dieser Art von Finanzinnovationen ist also das rechtlich gedeckte, kartellähnliche Verhalten der Kreditinstitute. Hinzu kommt außerdem, daß auf dem deutschen Geldmarkt zu Bankeinlagen im Vergleich zum Ausland wenig Substitute angeboten werden.

Dennoch gibt es Anzeichen dafür, daß es im Zuge der Integration der europäischen Finanzmärkte verzinsliche Transaktionskonten auch in der Bundesrepublik Deutschland bald geben wird. Das Pesetenkonto der Banco de Santander kann als ein Indikator in diese Richtung gewertet werden. Auch scheint die Strategie der Banco de Santander in

---

13 Vgl. § 102 Abs. 4 GWB.

14 Diese Meinung vertritt auch Büschgen (1989).

15 § 102 Abs. 6 GWB.

Spanien aufgegangen zu sein. Das Einführen hoch verzinslicher Transaktionskonten 1989 vergrößerte ihren Anteil am spanischen Markt von 3,51 auf 5,25 %, obwohl die Konkurrenz nachzog und ebenfalls solche Konten anbot.[16] Dieser Erfolg sowie der hohe Block niedrig verzinster Sparguthaben in der Bundesrepublik dürften ausländische Institute dazu einladen, mittels einer marktmäßigen Verzinsung von Einlagen am deutschen Markt Fuß zu fassen. Zudem ist in der noch nicht gesetzeskräftigen 5. Novelle des GWB beabsichtigt, eine Umstellung des § 102 GWB vom Mißbrauchs- auf das Verbotsprinzip vorzunehmen. Damit entfiele die bestehende Sonderstellung der Banken und Versicherungen innerhalb des GWB. Die zur Zeit noch gängige Praxis eines stark koordinierten Verhaltens im Kreditgewerbe wäre dann rechtswidrig.

2.2 Geldnahe Finanzinnovationen (Gruppe 2)

Der Begriff der "geldnahen" Finanzinnovationen (near moneys) bezieht sich auf Geld in seiner Funktion als Zahlungsmittel. Finanzinnovationen, die nicht zu den OCDs zählen, aber dennoch als Zahlungsmittel Verwendung finden, bzw. sonstige Vermögensaktiva, die mit geringen Transaktionskosten in Zahlungsmittel umgewandelt werden können, werden als geldnah bezeichnet. Abbildung 1 zeigt Beispiele für derartige Finanzinnovationen. Zu den Substituten für Zahlungsmittel zählen der Eurocheque und die Kreditkarten[17], zu den Substituten der sonstigen Vermögensaktiva in der Bundesrepublik Deutschland vor allem die Geldmarktfonds, in den USA auch die Geldmarktkonten und Übernacht-Geldmarktanlagen (Repurchase Agreements). Im folgenden werden die für die Bundesrepublik Deutschland bedeutenden geldnahen Finanzinnovationen kurz erläutert.

---

16 Vgl. Burns (1991).

17 Wegen ihrer z.Z. geringen praktischen Bedeutung werden die Chip-Karten hier nicht gesondert behandelt. Sie stellen lediglich eine technisch versiertere Form von Kreditkarten dar. Vgl. v. Schimmelmann (1987), S. 208.

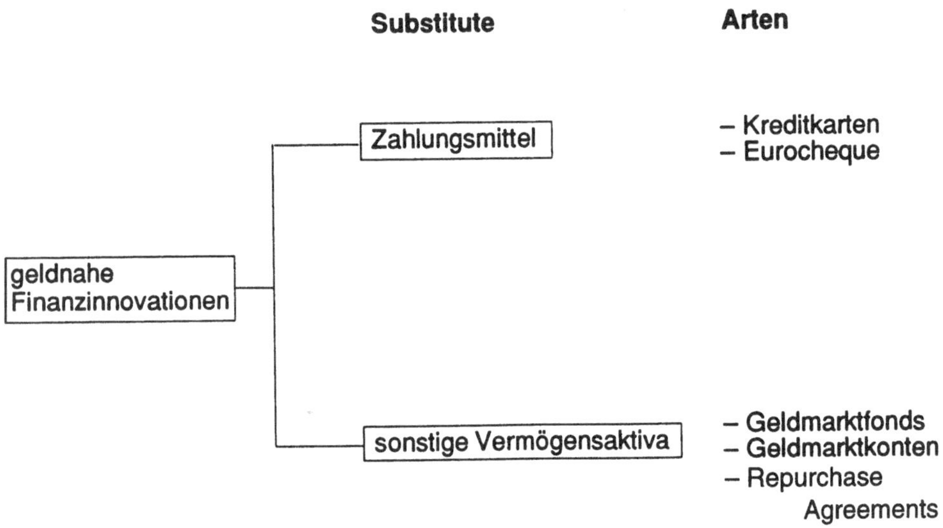

Abbildung 1: Geldnahe Finanzinnovationen

Eurocheque: Der Eurocheque bzw. das Eurocheque-System wurde von den Banken 1975 eingeführt. In Verbindung mit der Eurocheque-Karte ermöglicht der Eurocheque dem Inhaber, Zahlungen in 39 Staaten Europas und den angrenzenden Mittelmeerländern vorzunehmen. Die weite Akzeptanz des Eurocheques resultiert aus der von den Banken geleisteten Scheckgarantie. Sie garantiert dem Remittenten die Kreditwürdigkeit des Scheckausstellers in Höhe von DM 400 pro Scheck.

Wie Tabelle 2 zeigt, hat die Bedeutung des Eurocheques in den letzten Jahren nicht zugenommen. Die Anzahl der Transaktionen, die Deutsche im Ausland mit Eurocheque dürchgeführt haben, erreichte 1992 wieder das Niveau von 1988.[18] Diese Stagnation im Gebrauch des Eurocheques ist vor allem auf die wachsende Beliebtheit der Kreditkarten zurückzuführen.

Tabelle 2: Eurocheques-Transaktionen Deutscher im Ausland, 1988 – 1992

	1992	1991	1990	1989	1988
Anzahl (in 000)	6.538	6.019	6.094	5.926	6.531
Veränderung in %*	8,4	- 1,1	2,8	- 9,3	3,4

* Veränderungen gegenüber Vorjahr

Quelle: Gesellschaft für Zahlungssysteme

Kreditkarten: Bei den Kreditkarten unterscheidet man Bankkreditkarten, Kundenkreditkarten und die sogenannten Travel & Entertainment Cards.[19] Die Bankkreditkarten werden von den Banken ausgegeben und offerieren dem Kunden einen Kredit, mit dem er innerhalb begrenzter Regionen laufende Zahlungen ohne die Benutzung von Bargeld begleichen kann. Die Kundenkreditkarten werden größtenteils vom Handel emittiert. Sie ermöglichen dem Inhaber den bargeldlosen Einkauf in den zur Kreditkarte gehörenden Geschäften. Die Travel & Entertainment Cards zielen auf die Gruppe höherer Einkommen ab und bieten dem Inhaber die Möglichkeit zum nahezu weltweiten bargeldlosen Konsum.

---

18 Daten über die Anzahl der Eurocheque-Transaktionen in Deutschland existieren nicht. Daher wird die Entwicklung der Eurocheque-Transaktionen von Deutschen im Ausland auch als Inlandstrend interpretiert.

19 Einen Überblick über die verschiedenen Formen der Kreditkarten gibt auch Revell (1983).

Tabelle 3: Die Entwicklung der Eurocard in der BRD, 1987-1992

Jahr	Karteninhaber (in 000)	Tansaktionen (in 000)
1987	678	7.339
1988	984	11.925
1989	1.827	30.658
1990	2.607	51.603
1991	3.346	69.684
1992	4.260	88.888

Quelle: Gesellschaft für Zahlungssysteme

In den USA besitzt ein Haushalt im Durchschnitt 13 Kreditkarten. 18 % der Kreditkarten entfallen auf Bankkreditkarten. Der Anteil der Kundenkreditkarten am amerikanischen Markt beträgt 80 %. Die Ursache für den hohen Anteil dieser Kartenkategorie liegt darin, daß jede Handelskette ihre eigene Karte ausgibt. Auf die Travel & Entertainment Cards entfallen 2 % des amerikanischen Marktes.[20]

Tabelle 3 zeigt die Entwicklung der Travel & Entertainment Cards am Beispiel der Eurocard für die Bundesrepublik Deutschland. Wie daraus hervorgeht, konnten sich in den letzten Jahren die Travel & Entertainment Cards wachsender Beliebtheit erfreuen. Seit 1986 weisen sie eine stetig zunehmende Bedeutung auf. Dagegen sind Bankkreditkarten nicht im Gebrauch. Schwer zu schätzen ist die Verbreitung von Kundenkarten.[21] Eine in ihrem Ausmaß mit den Verhältnissen in den USA vergleichbare Verlagerung des Kreditgeschäfts von den Banken

---

20 Vgl. Glogowski und Münich (1986).

21 Diebold (1986) schätzt die Anzahl ausgegebener (nicht aktiv genutzter) Kundenkarten auf über eine Million. HERTIE und QUELLE sind die größten Verteiler privater Kundenkreditkarten.

zum Handel konnte in der Bundesrepublik bisher jedenfalls nicht beobachtet werden.

Geldmarktfonds: Der erste Geldmarktfond (Money Market Mutual Fund, MMMF) wurde 1972 in den USA gegründet.[22] Bei Geldmarktfonds handelt es sich um Kapitalanlagegesellschaften, die ausschließlich in kurzfristige Geldmarktanlagen investieren. Das heißt, ihr Anlagekatalog umfaßt Geldforderungen oder Wertpapiere mit einer Restlaufzeit, die zwei Jahre nicht übersteigt. Durch eine Einlage bei einem solchen Fond wird der Einleger zum Anteilseigner. Über seine Anteile kann er, zumindest in der amerikanischen Version der MMMFs, per Scheck verfügen.[23]

Geldmarktfonds bieten kleinen Anlegern, die nicht in der Lage sind, die für direkte Geldmarktanlagen erforderlichen Mindestbeträge[24] aufzubringen, die Möglichkeit, an den Geldmarktzinsen in einem diversifizierten Portefeuille zu partizipieren. Auch scheint eine Beteiligung an einem Geldmarktfond für solche Anleger geeignet, die eine ständige Betreuung ihrer kurzfristigen Wertpapiere aus zeitlichen oder fachlichen Gründen nicht vornehmen wollen.

---

22 Einen Überblick über die Situation der Geldmarktfonds in Europa gibt Laux (1988).

23 Die Schecks müssen dabei einen Mindestbetrag von in der Regel US$ 250 aufweisen.

24 Diese Mindestbeträge bewegen sich je nach Anlage zwischen 10.000 und 1.000.000 Dollar.

Tabelle 4: Die Entwicklung der MMMFs in den USA

	MMMFs* in Mrd. US$	Veränderung (%) geg. Vorjahr	Anteil (%) an L**
1980	76,6	44	3,3
1981	186,8	144	7,2
1982	233,6	25	8,1
1983	181,4	-22	5,8
1984	230,2	27	6,5
1985	241,0	15	6,3
1986	292,4	21	7,1
1987	310,7	6	7,2
1988	327,0	5	7,0
1989	409.8	25	8,5

* Stand zum Dezember des jeweiligen Jahres

** L stellt ein gesamtwirtschaftliches Liquiditätsaggregat dar, das M3 umfaßt "plus the nonbank holdings of U.S. saving bonds, short-term treasury securities, commercial paper and bankers acceptances, net of money market mutual fund holdings of these assets".

Quelle: Berechnungen aus den statistischen Veröffentlichungen des Board of Governors

Entwicklung und Bedeutung der MMMFs in den USA gehen aus Tabelle 4 hervor. Mit Ausnahme von 1983 hat der absolute Bestand an MMMFs in den 80er Jahren stetig zugenommen. Die relative Bedeutung der MMMFs an der gesamtwirtschaftlichen Liquidität verzeichnete leichte Ausschläge in beide Richtungen. Ihren größten Sprung machten die Geldmarktfonds 1981, als ihr Anteil an der gesamtwirtschaftlichen Liquidität von 3,3 auf 7,2 % stieg. Dieser Zuwachs ist mit dem damals steigenden Zinsniveau und dem Fehlen von alternativen Anlagen, die im kurzfristigen Bereich marktmäßige Zinsen gewährten, zu erklären.

In der Bundesrepublik ist das Auflegen von reinen Geldmarktfonds aufgrund des aus dem Jahr 1957 stammenden Gesetzes über Kapitalanlagegesellschaften (KAGG) noch verboten. Der gesetzestechnische Grund des Verbots besteht in dem fehlenden Wertpapiercharakter und der fehlenden Börsennotierung einiger Geldmarktanlagen.[25] Materieller Hintergrund des Verbotes ist hingegen die Befürchtung der Bundesbank, eine Einschränkung ihrer Mindestreservepolitik zu erfahren, da Geldmarktfonds nicht der Mindestreserve unterlägen. Natürlich könnten deutsche Institute DM-Geldmarktfonds im Ausland auflegen, um so das gesetzliche Verbot zu umgehen. Doch befürchten die Banken, durch eine Verbreitung von Geldmarktfonds einen Mittelabzug aus dem Einlagengeschäft und/oder eine Anhebung ihrer Einlagenzinsen zu bewirken. Folglich herrscht eine Interessensidentität zwischen Bundesbank und Kreditwirtschaft, und es überrrascht nicht, daß beide Parteien im Rahmen eines "gentleman's agreement" übereinkamen, diese Möglichkeit zur Auflegung von Geldmarktfonds nicht zu nutzen.[26]

Seit dem 01.10.1989 ist allerdings die Ausgabe von "quasi" Geldmarktfonds am deutschen Markt erlaubt. Bis zu diesem Zeitpunkt mußte die EG-Richtlinie zur Koordinierung der Rechtsvorschriften für klassische Wertpapierfonds in nationales Recht transformiert worden sein.[27] Danach darf ein Investmentfond höchstens 49 % seiner Mittel in Geldmarkttiteln und Bankguthaben sowie 10 % des Sondervermögens in Wertpapieren anlegen, die nicht an einem organisierten Markt gehandelt werden. Mindestens 41 % des Fondvermögens müssen sich aus

---

25 Dazu gehören z.B. nicht-notierte Kassenobligationen mit einer Laufzeit bis zu 2 Jahren, Einlagezertifikate und Commercial Papers.

26 Vgl. z.B. Hesse (1988).

27 Dies geschah durch den Gesetzesentwurf zur Novellierung des KAGG, der am 21. Juni 1989 vom Bundeskabinett verabschiedet wurde.

Wertpapieren zusammensetzen, die an einem organisierten Markt notiert sind.[28]

Auf Dauer ist eine derartige Einschränkung nicht vereinbar mit den Zielen des EG-Binnenmarktes. Deutsche Institute könnten zudem Wettbewerbsnachteile gegenüber ihren ausländischen Konkurrenten erleiden, zumal das Wechselkursrisiko im EWS relativ gering ist. Daher ist in Zukunft mit einer Lockerung dieser Beschränkung zu rechnen.[29]

2.3 Finanzinnovationen, die die Transaktionskosten bei der Substitution der Finanzaktiva senken (Gruppe 3)

Finanzinnovationen, die die Transaktionskosten der Substitution von Geld und andereren finanziellen Aktiva senken, werden unter dem Begriff Electronic Fund Transfer Systems (EFTS) zusammengefaßt. Damit sind die jüngsten computergestützten Datenverarbeitungssysteme zur Automatisierung vor allem des Zahlungsverkehrs, aber auch anderer Finanztransaktionen gemeint. Kennzeichnend für diese Systeme ist die Zwischenschaltung von Computern in den Interbankenverkehr bzw. die Bank-Kunden-Beziehung.[30]

Einen Überblick über die Komponenten des EFTS gibt Abbildung 2. Wie Abbildung 2 zeigt, wird innerhalb des Interbankenverkehrs zwischen nationalem und internationalem Verkehr unterschieden. In der Bundesrepublik Deutschland wurde der elektronische Zahlungsverkehr unter den Banken in Form des beleglosen Datenträgeraustausches

---

28 Vgl. Deutsche Bundesbank (Juli 1989), S. 17.

29 Die Zulassung reiner Geldmarktfonds wird vom "Ergebnis einer Bestandsaufnahme der Bundesregierung über die Stärken und Schwächen des Finanzplatzes Bundesrepublik Deutschland abhängig gemacht." Deutsche Bundesbank, Geschäftsbericht (1989), S. 70.

30 Zum folgenden vergleiche Humpert (1988). Einen Überblick über die Zahlungssysteme anderer Industrienationen gibt die Bank for International Settlements (1985).

(Magnetband-Clearing-Verfahren) zum 1. Januar 1976 eingeführt. 1986 wurden 62 % des nicht-baren Inlandzahlungsverkehrs über dieses Verfahren abgewickelt. Trotz der zunehmenden Anwendung bietet das Magnetband-Clearing-Verfahren langfristig keine befriedigende Lösung, da die Magnetbänder zwischen den Stationen des Zahlungslaufs transportiert werden müssen. Die maximale Beschleunigung und größtmögliche Rationalisierung des Zahlungsverkehrs kann mit Hilfe der Datenfernübertragung erreicht werden. Die Magnetbänder werden dabei nicht mehr physisch weitergeleitet, sondern lediglich ihr Inhalt wird an die nächste Stelle im Zahlungsweg übermittelt. Unter anderem zu diesem Zweck bestehen in den einzelnen Bankengruppen schon heute Leitungsnetze. Die Ausnutzung dieser technischen Möglichkeiten wird aber zur Zeit noch aufgrund von relativ hohen Leitungskosten behindert.

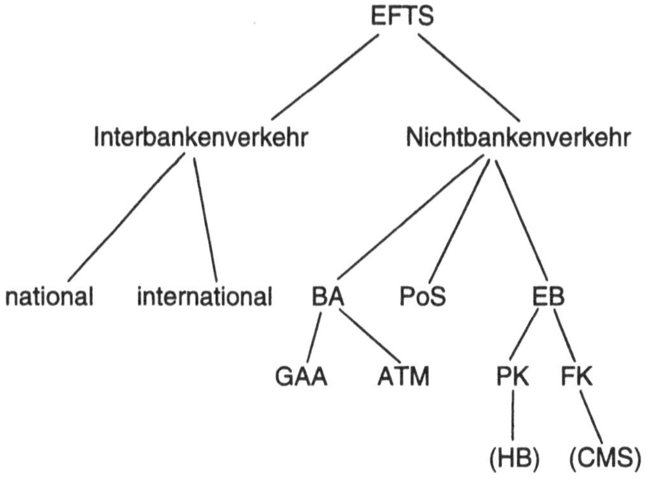

BA:	Bankautomation	GAA:	Geldausgabeautomat
ATM:	Automatic Teller Machine	PoS:	Point-of-Sale-Systeme
EB:	Electronic Banking	PK:	Privatkundengeschäft
FK:	Firmenkundengeschäft	HB:	Home Banking
CMS:	Cash-Management-Systeme		

Abbildung 2: Komponenten des EFTS

Gleich dem nationalen Interbankenverkehr wird auch der internationale Zahlungsverkehr in zunehmendem Maße automatisiert. Zum einen trägt hierzu die gestiegene internationale Diversifikation nationaler Banken bei. Dadurch können die Geldinstitute einen Großteil des internationalen Zahlungsverkehrs innerhalb ihrer eigenen Organisation und ihres eigenen Computernetzes elektronisch abwickeln. Zum anderen verbindet das Kommunikationssystem SWIFT[31] ein nationales Kreditinstitut mit seinen ausländischen Korrespondenzbanken. Es ermöglicht die elektronische Abwicklung standardisierter Geschäftsvorgänge unter internationalen Banken, die nicht derselben Organisation angehören.

Innerhalb der Bank-Kunden-Beziehung (Nichtbankenverkehr) unterscheidet man die Bankautomation (BA), die Point-of-Sale-(PoS)-Systeme und das Electronic Banking (EB).

Zur Bankautomation zählen die Geldausgsabeautomaten (GAA) und die Automatic Teller Machines (ATMs). Letztere sind den Geldausgabeautomaten insofern überlegen, als sie über die reine Geldausgabefunktion hinaus noch andere Aufgaben erfüllen. Mit Hilfe der ATMs können auch Überweisungen getätigt werden. Während in der Bundesrepublik die Geldausgabeautomaten an Bedeutung innerhalb der Bank-Kunden-Beziehung gewonnen haben (siehe Tabelle 5), befindet sich die Verbreitung von Automatic Teller Machines noch in den Anfängen.

---

31 SWIFT steht für "Society for Worldwide Interbank Telecommunications". Eine ausführliche Darstellung von SWIFT findet sich bei Wickenkamp (1988).

Tabelle 5: Die Bedeutung der ec-GAA in der BRD, 1988 – 1992

	1992	1991	1990	1989	1988
Anzahl Geld-ausgabeauto-maten	19.024	14.571	8.775	6.900	5.160
Veränderung in %*	30,6	66,1	27,2	33,7	27,9

* Veränderung gegenüber Vorjahr

Quelle: Bundesverband Deutscher Banken

Bei den Point-of-Sale-Systemen werden die jeweiligen Geschäftskassen mit dem Bankensystem "on line" verbunden. Dadurch kann jeder mittels einer eigenen Legitimationskarte identifizierte Kunde auf seine Bonität überprüft werden, und mit einem einzigen Bedienungsvorgang kann die Umbuchung einer Rechnungssumme vom Konto des Kunden auf das eines anderen Marktteilnehmers vorgenommen werden. Point-of-Sale-Systeme ermöglichen somit eine bargeld- und schecklose Regulierung von Zahlungsströmen.[32]

In der Bundesrepublik hat das Kreditgewerbe über die Gesellschaft für Zahlungssysteme (GZS)[33] ein PoS-System, Electronic Cash genannt, entwickelt. Es ermöglicht die Verwendung der Eurocheque-Karte zur bargeldlosen Zahlung an jedem Electronic Cash Terminal. Es ist auf Wunsch schon jetzt installierbar.

---

32 Zu den PoS-Systemen vergleiche auch Glogowski und Münich (1986) sowie Felgran (1987).

33 Die Gesellschaftsanteile der GZS verteilen sich wie folgt: 40 % Banken, 40 % Sparkassen, 20 % Genossenschaftsbanken.

In den Begriff "Electronic Banking" (EB) werden bezüglich des Privatkundengeschäftes (PK) die Instrumente des Home Banking (HB) und bezüglich des Firmenkundengeschäftes (FK) der Banken die Cash-Management-Systeme (CMS) subsumiert. In der Bundesrepublik Deutschland werden Home-Banking-Dienste zur Zeit ausschließlich über Bildschirmtext (Btx) angeboten.[34] Sie umfassen Depotwertberechnungen, Informationen über Anlage- und Kreditangebote sowie die Möglichkeit, Kontoverfügungen vorzunehmen. Im Vergleich zum Electronic Banking des Privatkundenbereichs unterscheiden sich die Cash-Management-Systeme[35] vor allem durch ihre höhere Komplexität. Wie im Privatkundenbereich führen auch sie zu einer Kostenminimierung finanzieller Transaktionen und tragen zu einer zielorientierten Gestaltung von Zahlungsströmen bei. Trotz einiger Probleme in der Praxis des Cash-Managements[36] sagt Diebold (1986) für die 90er Jahre eine starke Expansion insbesondere im Bereich der Btx-Systeme in der Bundesrepublik vorher.

2.4 Risikotransferierende Finanzinnovationen (Gruppe 4)

Mit Hilfe der risikotransferierenden Finanzinnovationen werden die den finanziellen Transaktionen anhaftenden Risiken abgespalten und zu eigenständig handelbaren Gütern gemacht. Dadurch können Risiken den Präferenzen der Marktteilnehmer entsprechend verteilt werden. Gesamtwirtschaftlich folgt daraus eine Stärkung der Wachstumskräfte. Investitionen, die risikoaversen Investoren zu gefährlich erschienen,

---

34 Zu den unterschiedlichen Systemen in den europäischen Ländern und den USA vgl. Diebold (1986).

35 Unter Cash-Management versteht man das "Steuern des richtigen Betrages, in der richtigen Währung, zum richtigen Zeitpunkt, auf das richtige Konto, zur Erzielung optimaler Erträge (Sicherheit, Liquidierbarkeit, Rentabilität)". Land (1987), S. 11.

36 Da Unternehmen zwecks Diversifikation mit zahlreichen Banken Kontoverbindungen unterhalten, scheitert eine optimale Nutzung des Electronic Banking häufig an miteinander nicht-kompatiblen Systemen der einzelnen Banken. Vgl. Lingenfelder (1986).

können nun, nach Abtreten der mit der finanziellen Transaktion verbundenen Risiken, für lohnend erachtet und durchgeführt werden.

Abbildung 3 zeigt die verschiedenen Preisrisiken. Das Preisrisiko für Fremdkapital besteht aus möglichen Zinsveränderungen und das für Eigenkapital aus der Gefahr von Aktienkursschwankungen. Hält die Volkswirtschaft auch ausländisches Vermögen, so setzt sie sich außerdem der Gefahr von Wechselkursvariationen aus.[37]

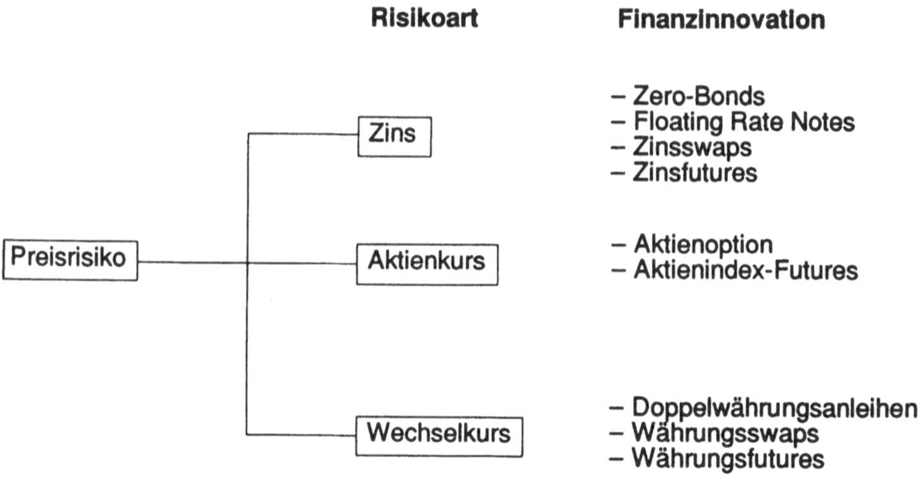

Abbildung 3: Zuordnung von Risikoarten und Finanzinnovationen

Abbildung 3 ordnet die Finanzinnovationen den drei Risikoarten zu. Im folgenden soll kurz dargelegt werden, wie diese Finanzierungsinstru-

37 Die BIS (1986) unterscheidet vom Preisrisiko noch das Kreditrisiko, was sie wiederum in Bonitäts- und Liquiditätsrisiko aufteilt. Diese zusätzliche Unterscheidung ist allerdings wenig sinnvoll, wenn man bedenkt, daß Veränderungen in der Bonität oder Liquidität eines Vermögensaktivums sich augenblicklich in seinem Preis niederschlagen.

mente die Risiken neu verteilen. Außerdem wird, sofern Daten dafür vorliegen, auf die Bedeutung, die diese Innovationen für den deutschen Finanzmarkt haben, eingegangen.

Zero-Bonds: In DM denominierte Zero-Bonds bzw. Null-Kupon-Anleihen sind seit der Restliberalisierung des deutschen Kapitalmarktes vom Mai 1985 erlaubt. Im Unterschied zu traditionellen Anleihen werden bei Zero-Bonds Zinsen und Zinseszinsen thesauriert und erst bei Endfälligkeit ausgeschüttet. Dadurch entsteht dem Anleger gegenüber einer herkömmlichen Anleihe folgende neue Risikoverteilung:

Sofern der Vermögenshalter beabsichtigt, die Null-Kupon-Anleihen bis zur Endfälligkeit zu halten, gewähren sie ihm den Vorteil eines feststehenden Wiederanlagezinses. Das Wiederanlagerisiko der Zinseinnahmen ist auf den Emittenten übertragen. Demgegenüber steigt das Bonitätsrisiko bzw. das aus einer verschlechterten Bonität resultierende Preisrisiko, da dem Schuldner Kapital und Zinsen zugleich gestundet werden. Außerdem unterliegen Zero-Bonds gegenüber traditionellen Anleihen einem höheren Inflationsrisiko, da während der Laufzeiten keine Zinszahlungen erfolgen. Weitere Risiken entstehen demjenigen Anleger, der beabsichtigt, Zero-Bonds vor Endfälligkeit zu veräußern. Infolge des Zinseszinseffektes weisen derartige Anleihen eine wesentlich stärkere Kursvolatilität als Normal-Kupon-Anleihen auf. Das Ausmaß dieses Hebeleffektes wird durch die Länge der Restlaufzeit und die Höhe der Zinsänderung am Kapitalmarkt bestimmt.[38] Es ist um so größer, je länger die Restlaufzeit und je stärker die Zinsänderung ist.

---

38 Ein Beispiel für diese Hebelwirkung gibt Büschgen (1988).

Tabelle 6: Umlauf von DM-Zero-Bonds inländischer Kreditinstitute in der BRD

Jahr	Emissionswerte in Mrd. DM	Veränderung in %	Kapitalmarkt-anteil in %*
1985	0,72		0,078
1986	1,36	88,9	0,134
1987	1,51	11,0	0,136
1988	1,44	- 4,6	0,125
1989	1,57	9,0	0,127
1990	26,90	1613,4	1,844
1991	33,45	24,3	1,983
1992	24,07	- 28,4	1,209

* Anteil am Umlauf aller festverzinslichen Wertpapiere inländischer Emittenten. Dazu zählt die Bundesbank auch die Floating Rate Notes.

Quelle: Berechnungen aus den Statistischen Beiheften der Monatsberichte der Deutschen Bundesbank

Einen Überblick über die Entwicklung von auf DM lautenden Zero-Bonds seit ihrer Einführung am deutschen Kapitalmarkt gibt Tabelle 6. Es wird ersichtlich, daß sie sich schnell einen recht stabilen, wenn auch geringen Anteil am deutschen Wertpapiermarkt sichern konnten. Dieser Anteil nahm 1990 sprunghaft auf rund 1,8 % zu und fiel 1992 auf 1,2 % zurück.

Floating Rate Notes: Die Emission von Floating Rate Notes (FRNs) ist ebenfalls seit der "Restliberalisierung" des deutschen Kapitalmarktes vom Mai 1985 zugelassen. Sie stellen variabel verzinsliche Schuldverschreibungen dar. Das heißt, der Zinssatz wird nicht für die gesamte Laufzeit der Anleihe festgeschrieben, sondern in kurzen Abständen, zumeist viertel- oder halbjährlich, an die tatsächliche Entwicklung eines Referenzzinssatzes angepaßt. Kennzeichnend für Floating Rate Notes ist die Ausrichtung des Referenzzinssatzes am Geldmarkt. Der am häufigsten gewählte Referenzzins stellt "Libor" (London interbank offered rate) dar. Dies ist der Zinsssatz, zu dem Londoner Banken untereinander bereit sind, Gelder kurzfristig auszuleihen bzw. anzulegen. Seit August 1985 wird aber auch in Frankfurt ein entsprechender Referenzzins, der sogenannte "Fibor" (Frankfurt interbank offered rate), ermittelt.[39] Die Nominalverzinsung der Floating Rate Notes ergibt sich aus der Entwicklung des Referenzzinssatzes und der Höhe des bonitätsabhängigen Aufschlags (spread) auf diesen Zinssatz. Neben variabler Verzinsung und Geldmarktausrichtung der Verzinsung stellen die gegenüber herkömmlichen festverzinslichen Anleihen häufigeren Kuponfälligkeiten das dritte Wesensmerkmal der Floating Rate Notes dar.

Für den Anleger besteht der größte Vorteil dieser Anleiheform in der Ausschaltung des von Zinsänderungen abhängigen Kursrisikos.[40] Dadurch werden Floating Rate Notes äußerst fungibel und eignen sich besonders für Investoren, die hochliquide Anlagen bevorzugen. Allerdings entfällt auf den Anleger aufgrund der häufigen Kuponfälligkeiten ein verstärktes Wiederanlagerisiko.

Neben der Grundform der Floating Rate Notes existieren mittlerweile zahlreiche Sonderformen. So wurden Floating Rate Notes mit Mindest- (trigger rate) und Höchstzinssatz emittiert. Zu ersteren gehören die Drop Lock FRNs und die Convertible FRNs, zu letzteren die Capped FRNs. Höchst- und Mindestzinssatz kombiniert enthalten die Collar FRNs. Variabel verzinsliche Anleihen mit nahezu laufenden Zinsanpas-

---

39 Die Ermittlung des Fibor wurde der Privatdiskont AG übertragen. Dieser Bank melden täglich 12 deutsche Kreditinstitute ihre Geldmarktsätze. Nach Streichung des höchsten und niedrigsten Satzes wird aus den verbleibenden das arithmetische Mittel gebildet und auf 0,05 Prozentpunkte gerundet. Fibor wird täglich gegen 12 Uhr veröffentlicht. Vgl. hierzu Gerhardt (1986).

40 Zumindest in der Zeit der Zinsanpassungstermine rangiert der Kurs an der Pari-Marke, sofern bei dem Emittenten keine Bonitätsverschlechterung stattgefunden hat.

sungen stellen die Mismatch FRNs bzw. die Rolling Rate Notes dar. Eine besondere Form bilden auch die Floating Rate Notes mit ewiger Laufzeit, die sogenannten Perpetual FRNs. Sie werden in einigen Ländern zur Schaffung nachrangigen Eigenkapitals genutzt.[41]

Tabelle 7: Umlauf von DM-FRNs inländischer Kreditinstitute

Jahr	Nominalwert in Mrd. DM	Veränderung in %	Kapitalmarktanteil* in %
1985	1,38	–	0,148
1986	2,88	108,7	0,282
1987	4,27	48,3	0,384
1988	6,90	61,6	0,599
1989	15,52	124,9	1,260
1990	53,82	246,8	3,689
1991	90,40	68,0	5,359
1992	95,83	6,0	4,812

* Anteil am Umlauf aller festverzinlichen Wertpapiere inländischer Emittenten

Quelle: Berechnungen aus den Statistischen Beiheften der Monatsberichte der Deutschen Bundesbank

Wie Tabelle 7 zeigt, erlangten die FRNs zunehmende Bedeutung seit ihrer Zulassung zum deutschen Kapitalmarkt. Der sprunghafte Anstieg des Anteils der FRNs am Umlauf aller "festverzinslichen"[42] Wertpa-

41 Das ist in der Bundesrepublik Deutschland nicht möglich, denn "die für die aufsichtsrechtliche Anrechnung notwendige Erfüllung des Kriteriums der gewinnabhängigen Verzinsung läßt sich über variabel verzinsliche Anleihen schwerlich erfüllen". Meinz (1985), S. 560.

42 Die Bundesbank zählt die FRNs zu den festverzinslichen Wertpapieren in ihren Statistiken.

piere inländischer Emittenten von 1,3 % 1989 auf 3,7 % im Jahre 1990 ist auf das zu dieser Zeit hohe Niveau der deutschen Zinsen zurückzuführen. Die Emittenten versuchten in Erwartung fallender Zinsen, Verträge mit fixen Zinsverpflichtungen zu vermeiden. 1991 stieg der Anteil der FRNs am Umlauf der festverzinslichen Wertpapiere inländischer Emittenten sogar auf 5,4 %, fiel dann allerdings 1992 auf 4,8 % zurück.

Doppelwährungsanleihen: Gleich den Zero-Bonds und Floating Rate Notes wurden auch Doppelwährungsanleihen Mitte 1985 am deutschen Kapitalmarkt eingeführt. Sie stellen in der Regel festverzinsliche Schuldverschreibungen dar, bei denen Ausgabe und Zinszahlungen in einer anderen Währung als die Tilgung erfolgen. Bei einer D-Mark/US-Dollar-Anleihe können beispielsweise die Einzahlungen des Anlegers und die Zinszahlungen des Emittenten in D-Mark, die Rückzahlung dagegen in US-Dollar geleistet werden. Das Wechselkursrisiko wird dadurch auf beide Vertragspartner aufgeteilt. Während der Emittent es für die Zinszahlungen übernimmt, verbleibt es bei der Rückzahlung überwiegend beim Anleger, da zu einem vorher festgelegten Wechselkurs zurückgezahlt wird. Zins- und Wechselkurserwartungen bestimmen den aktuellen Kurs einer Doppelwährungsanleihe. Der Einfluß der Wechselkursentwicklung ist dabei um so größer, je kürzer die Restlaufzeit der Anleihe ist.

Swaps: Bei Swap-Transaktionen kommt es zu einer Umverteilung unter den Marktteilnehmern von Zins- und Wechselkursrisiken. Die Grundformen bilden die Zins- und Währungs-Swaps, die getrennt sowie auch kombiniert (cross-currency interest rate swap) anzutreffen sind. Darüber hinaus existieren zahlreiche Varianten, die Swaps mit anderen Finanzinnovationen kombinieren.[43]

Bei einem Zins-Swap tauschen zwei Parteien ihre Zinszahlungen, die auf unterschiedlichen Basiszinssätzen beruhen, gegenseitig aus. Zu-

---

43 Einen Überblick über diese Varianten gibt Lerbinger (1985 a).

meist werden variabel verzinsliche gegen festverzinsliche Verpflichtungen getauscht. Voraussetzung dafür, daß eine derartige Transaktion zustande kommt, sind eine entgegengerichtete Interessenlage[44] oder eine unterschiedliche Bonität beider beteiligten Parteien. Da die zum Ausgleich des Bonitätsnachteils zu leistende Risikoprämie bei variabel verzinslicher Verschuldung geringer ist als bei festverzinslicher Verschuldung, ergeben sich für beide Parteien Vorteile, wenn der Kreditnehmer mit dem schlechteren Ruf sich am Markt für variabel verzinsliche Anleihen verschuldet und der mit dem erstklassigen Standing die Mittel am Markt für festverzinsliche Anleihen aufnimmt. Beide Parteien "swappen" dann ihre Zinszahlungen, wobei derjenige mit dem schlechteren Rating die Zinszahlungen des Kreditwürdigeren noch subventioniert. Dadurch erhält jeder die präferierte Zinsbasis zu günstigeren Konditionen, als wenn er sich direkt an diesem Markt verschuldet hätte.[45]

Vom Zins-Swap unterscheidet sich der Währungs-Swap hauptsächlich in zwei Merkmalen. Zum einen sind die auszutauschenden Zahlungen in unterschiedlichen Währungen denominiert. Zum anderen erfolgt bei einem Währungs-Swap nicht nur der Austausch der Zinsverpflichtungen, sondern der gesamten Kapitalsumme. Es werden für einen Währungs-Swap somit zwei Parteien unterschiedlicher Bonität benötigt, die hinsichtlich der Laufzeit und des aufzunehmenden Kapitalvolumens gleiche Interessen besitzen, aber entgegengerichtete Währungsbedürfnisse haben.

---

44 Häufig existieren zwischen Banken und Industrieunternehmen solche Interessengegensätze. Während Banken bestrebt sind, mit zinsvariablen Finanzmitteln ihre langfristigen Portefeuilles auf Roll-Over-Basis kongruent zu finanzieren, trachten Industrieunternehmen zur Vermeidung von Zinsänderungsrisiken und zwecks klarer Kalkulation eher nach festverzinslichen Finanzmitteln. Die unterschiedliche Interessenlage kann aber auch aus einer abweichenden Einschätzung der Zinsentwicklung resultieren.

45 Die Literatur bietet zahlreiche Beispiele, die diese Zusammenhänge noch einmal verdeutlichen. Vgl. z.B. Storck (1983).

Häufig kommt es bei Swap-Transaktionen nicht nur zu einer Neuverteilung von Zins- und Währungsrisiken, sondern sogar zu einer Risikovernichtung. Denn es kann in der Regel davon ausgegangen werden, daß Swap-Transaktionen nicht zu Spekulationszwecken vereinbart werden, sondern um offene Positionen bei den Vertragspartnern zu schließen. Sie vermindern so das Preisrisiko der gesamten ausstehenden Verbindlichkeiten der Vertragspartner.[46]

Tabelle 8: Entwicklung von Swap-Transaktionen inländischer Kreditinstitute

a) absolute Zahlen (Stand Jahresende, in Mrd. DM)

Arten	1992	1991	1990	1989	1988	1987
Zins-Swaps	789,76	486,66	337,66	189,16	118,32	57,00
Währungs-Swaps	34,05	25,69	20,64	14,46	11,62	8,20
kombinier. Swaps	97,87	70,04	45,28	38,74	24,54	17,24
Summe	927,68	582,39	403,58	242,36	154,48	82,44

b) jährliche Wachstumsraten (in %)

Arten	1992	1991	1990	1989	1988
Zins-Swaps	62,7	44,1	78,5	59,9	100,1
Währungs-Swaps	32,5	24,5	42,7	24,4	41,7
kombinierte Swaps	39,7	54,7	16,9	57,9	42,3
Summe	58,3	44,3	66,5	56,9	87,4

Quelle: Berechnungen aus den statistischen Beiheften zu den Monatsberichten der Deutschen Bundesbank

---

46 Oft transferieren bzw. vernichten Swaps Zinsänderungs- und Währungsrisiken besser als andere Termingeschäfte, weil sie bezüglich Laufzeit, Zinszahlungsterminen, Zinsbasis, Summe und Tilgungsmodalitäten genau auf die Bedürfnisse der Parteien abgestimmt werden können.

Diese Vorteile von Swap-Transaktionen kommen auch in den entsprechenden Zahlen zum Ausdruck. Seit ihrer Zulassung konnten sie rasante Wachstumraten verzeichnen. Wie Tabelle 8 verdeutlicht, nahmen insbesondere die Zins-Swap-Geschäfte überdurchschnittlich schnell zu.

Optionen: Eine Option stellt eine Vereinbarung dar, die dem einen Vertragspartner (buyer) das Recht - nicht aber die Pflicht - einräumt, vom anderen Vertragspartner, dem sogenannten Stillhalter (writer), die Lieferung oder Abnahme einer im voraus bestimmten Menge eines Basiswertes zu einem bestimmten Preis (Basispreis) innerhalb eines definierten Zeitraumes (Optionsfrist) zu verlangen. Für dieses Wahlrecht, das eine asymmetrische Risikoverteilung zwischen Optionskäufer und Stillhalter begründet, wird dem Stillhalter eine Prämie, der Optionspreis, gezahlt. Erwirbt jemand das Recht, vom Stillhalter den Basiswert zu kaufen, spricht man von einer Kaufoption (Call). Gewährt eine Option ihrem Käufer das Recht, an den Stillhalter den Basiswert zu verkaufen, handelt es sich um eine Verkaufsoption (Put).[47]

Die Hauptfunktion von Optionen besteht in der Verlagerung des Marktpreisrisikos vom Optionskäufer zum Stillhalter. Während der Erwerber einer Option die Chance auf einen unbegrenzten Gewinn bei einem auf den Optionspreis limitierten Verlust hat, ist umgekehrt der Gewinn des Stillhalters auf den Optionspreis begrenzt und sein Verlustpotential unendlich groß. Neben dieser Hedging-Funktion eignen sich Optionen auch für Arbitrage- und Spekulationszwecke.[48]

Am 26.01.1990 eröffnete die Deutsche Terminbörse (DTB), an der zunächst 15 amerikanische Optionen auf deutsche Basiswerte gehandelt wurden. Der Neuartigkeitscharakter der dort gehandelten Optionen besteht allerdings nicht in der Einführung des Optionshandels am deut-

---

47 Weiterhin kann zwischen amerikanischen und europäischen Optionen unterschieden werden. Während bei ersteren die Ausübung der Option innerhalb der gesamten Optionsfrist möglich ist, kann der Besitzer einer europäischen Option sein Recht erst am Verfallstag geltend machen.

48 Für Spekulationszwecke gibt es inzwischen zahlreiche Anlagestrategien. Vgl. z.B. Ebner et al. (1988).

schen Markt, sondern in der Standardisierung der Vertragstypen, der Einführung des sogenannten Market-Maker-Systems, des vollautomatisierten Handels- und Abwicklungssystems und in der Institution einer Clearing-Stelle. Die Standardisierung der Kontrakte erhöht deren Marktfähigkeit und senkt so das Liquiditätsrisiko aller beteiligten Parteien.[49] Gleiches bewirkt das Market-Maker-System. Ein Market-Maker ist nämlich verpflichtet, für alle Optionsserien des von ihm betreuten Basiswertes Kurse anzubieten. Da in jedem Basiswert mehrere Market-Makers tätig sind, erhöht sich der Wettbewerb zugunsten der Anleger. Gemeinsam mit der hohen Transparenz des vollcomputerisierten Handels wird eine wettbewerbliche Preissetzung sehr wahrscheinlich. Durch die Clearing-Stelle werden die Optionsverträge nicht mehr direkt zwischen den Marktteilnehmern abgeschlossen. Statt dessen tritt die Clearing-Stelle auf beiden Seiten als Gegenpart auf und garantiert, daß die Optionsabmachung eingehalten wird. Das Bonitätsrisiko des Optionskäufers reduziert sich auf die Bonität des Clearing-House. Somit entfällt eine zeitintensive Beurteilung des Bonitätsrisikos jedes einzelnen Marktteilnehmers. Darüber hinaus bleibt die Anonymität der Marktteilnehmer gewahrt, wodurch auch die wichtigsten unter ihnen am Markt agieren können, ohne das Preisbild sprunghaft zu verändern.

Tabelle 9: Entwicklung der Aktienoptionen an der DTB

Jahr	Gehandelte Kontrakte	Veränderungen gegenüber Vorjahr (%)
1990	29.076	-
1991	37.864	30,2
1992	39.826	5,2
1993*	48.412	21,6

* Einschließlich Juni 1993

Quelle: Deutsche Terminbörse

49 "Standardisiert" bedeutet, daß die Kontrakte klassenweise in bezug auf Menge, Produkt und Termin einheitlich gestaltet sind.

Tabelle 9 gibt die Entwicklung der Aktienoptionen an der DTB zwischen 1990 und Juni 1993 wieder. Die Zuwachsrate gegenüber dem Vorjahr der täglich im Durchschnitt gehandelten Kontrakte von 30,1 % 1991 und 21,6 % 1993 verdeutlicht den Erfolg der DTB. Diese Entwicklung läßt in den nächsten Jahren die Einführung von weiteren Optionsinstrumenten wie Zins-, Devisen- und Indexoptionen sowie Optionen auf Future-Kontrakte an der DTB erwarten.

Financial-Futures: Ein weiteres Terminmarktinstrument, das den Risikotransfer unter den Marktteilnehmern ermöglicht, stellen die Financial Futures dar. Dabei werden folgende Arten unterschieden:

- Aktienindex-Futures
- Zins-Futures
- Währungs-Futures

Allgemein wird unter einem Future-Kontrakt eine standardisierte[50] Vereinbarung zwischen einem Käufer und einem Verkäufer verstanden, an einem bestimmten zukünftigen Zeitpunkt (Liefertag) zu einem heute festgelegten Preis (Future-Preis) den Austausch des Objektes (Basiswert) zu vollziehen. Future-Geschäfte werden, gleich den Optionsgeschäften, durch das Einschalten einer Clearing-Stelle zwischen die Vertragspartner erleichtert.[51]

Im Unterschied zu Optionen verbürgen Futures nicht nur das Recht, sondern auch die Pflicht, den den Kontrakten zugrunde liegenden Warenaustausch vorzunehmen. Sie sind daher weniger flexibel als Optionen. Die den Optionen eigene asymmetrische Risikoverteilung besteht also nicht und folglich auch keine dem Optionspreis entsprechende Versicherungsprämie. Dennoch werden auch die Financial Futures vornehmlich für Hedging-Zwecke verwendet. Dies geschieht dadurch, daß offenen Risikopositionen aus Grundgeschäften entgegengesetzte

50 Nicht-standardisierte Futures stellen die Forward Rate Agreements (FRAs) dar.

51 Die Ausführungen zu den Optionen treffen hier analog zu.

Risikopositionen am Future-Markt gegenübergestellt werden.[52] Darüber hinaus eignen sich Future-Kontrakte für Spekulations- und Arbitragezwecke. Für Spekulanten sind sie deshalb so attraktiv, weil sie aufgrund der geringen Einschußzahlungen (bezogen auf den Kontraktwert) eine große Hebelwirkung entfalten. Arbitragemöglichkeiten ergeben sich zwischen Termin- und Kassakurs. Die Arbitrage führt dazu, daß sich die Kurse am Future- und Basis-Markt in der Regel parallel entwickeln.

An der DTB wurde Ende November 1990 ein Aktienindex-Future (DAX-Future) eingeführt. Er basiert auf dem Deutschen Aktienindex (DAX). Der DAX wird laufend berechnet aus den Kursbewegungen von 30 deutschen Standardwerten. Unter der Annahme, daß der DAX den deutschen Aktienmarkt gut repräsentiert, liegt der Hauptvorteil des DAX-Future für den Investor in der Möglichkeit, sein Portefeuille gegen das systematische Risiko (Marktrisiko) abzusichern.

Tabelle 10: Die Entwicklung der DAX-Futures an der DTB

Jahr	Gehandelte Kontrakte pro Tag	Veränderung gegenüber Vorjahr (%)
1990	2.233	–
1991	5.046	126,0
1992	13.032	158,3
1993*	13.181	1,1

* Einschließlich Juni 1993

Quelle: Deutsche Terminbörse

52 Ein Beispiel geben Belongia und Santoni (1984), S. 19.

Tabelle 11: Die Entwicklung der Bund-Futures an der DTB

Jahr	Gehandelte Kontrakte pro Tag	Veränderung gegenüber Vorjahr (%)
1990	2.594	–
1991	9.205	254,9
1992	21.226	130,6
1993*	26.841	26,5

* Einschließlich Juni 1993

Quelle: Deutsche Terminbörse

Ebenfalls Ende November 1990 wurde an der DTB auch ein Zins-Future (Bund-Future) eingeführt. Gegenstand eines Bund-Future-Kontraktes stellt die Vereinbarung dar, am Liefertag einen Nominalwert von DM 250.000 einer idealtypischen deutschen Bundesanleihe mit einer Nominalverzinsung von 6 % zu dem vorher vereinbarten Preis abzunehmen (Käufer) bzw. zu liefern (Verkäufer). Alle Bundesanleihen, deren Restlaufzeit am Liefertag zwischen 8,5 und 10 Jahren liegt, kommen für die Lieferung in Betracht.[53] Die maximale Laufzeit eines an der DTB gehandelten Bund-Future beträgt je nach dem Monat des Vertragsabschlusses 6 oder 9 Monate.[54] Folglich kann ein Marktteilnehmer sich mittels eines Vertrages für maximal 6 bzw. 9 Monate gegen das Zinsänderungsrisiko absichern.[55]

Einen Überblick über die Entwicklung der an der DTB bis einschließlich Juni 1993 gehandelten DAX-Future- und Bund-Future-Kontrakte geben die Tabellen 10 bzw. 11.

53 Vgl. DTB (1990).

54 An der DTB werden drei Kontrakte mit unterschiedlichen Liefermonaten gehandelt. Es sind jeweils die drei nächstliegenden Monate des Zyklus' März, Juni, September und Dezember.

55 Zu den Absicherungs- und Spekulationsmöglichkeiten vergleiche Roggemann (1989).

II. Die Entwicklung der Finanzinnovationen

1. Theoretische Betrachtungen

Silber (1975), (1983) hat versucht das Phänomen Finanzinnovation theoretisch zu erklären. Er stellte die sogenannte "constraint induced innovation hypothesis" auf. Sie besagt, daß Unternehmen mit Hilfe von Finanzinnovationen versuchen, jegliche bestehenden Zwänge zu umgehen.[56] Insbesondere können erhöhte Kosten einer Anpassung an bestehende Beschränkungen als Stimulus für Innovationen angesehen werden.[57] Diese Beschränkungen können exogener oder endogener Natur sein. Die bekanntesten exogenen Beschränkungen stellen staatliche Regulierungen dar. Endogene Beschränkungen können beispielsweise von Unternehmen selbst auferlegte Liquiditätsanforderungen sein.

Silbers These besagt lediglich, daß im Wettbewerb stehende Unternehmen Finanzinnovationen nachfragen, wenn sie sich von ihnen einen ökonomischen Nutzen versprechen. Dieses Nutzenkalkül steht allerdings hinter jeder Handlung, und die Aussage Silbers hat daher wenig informativen Gehalt. Mehr erfährt man, wenn die Entwicklung der Finanzinnovationen von der Angebotsseite her betrachtet wird. Finanzinnovationen können dann als das Resultat strategischer Produktentscheidungen hingestellt werden.

Porter (1980) unterscheidet zwei fundamentale Management Strategien: Kostenführerschaft (overall low cost-leadership) und Differenzie-

---

56 "Our basic hypothesis is that innovation of financial instruments and practices occurs in an effort to remove or lower the financial constraints imposed by firms." Silber (1975), S. 64.

57 "The programming framework suggests, that the stimulus to innovation can be interpreted as an increase in the cost of adhering to existing constraints." Silber (1983), S. 90.

rung (differentiation).[58] Der Versuch, mit den niedrigsten Kosten innerhalb einer Branche zu produzieren, ist aus strategischer Perspektive dann besonders wirkungsvoll, wenn die Nachfrage nach dem gehandelten Produkt sehr preiselastisch und das Produkt standardisiert ist. Demgegenüber bietet sich die Verfolgung einer Produktdifferenzierungsstrategie an, wenn eine erfolgreiche Differenzierung Markteintrittsschranken in Form von Kundenloyalität errichtet.

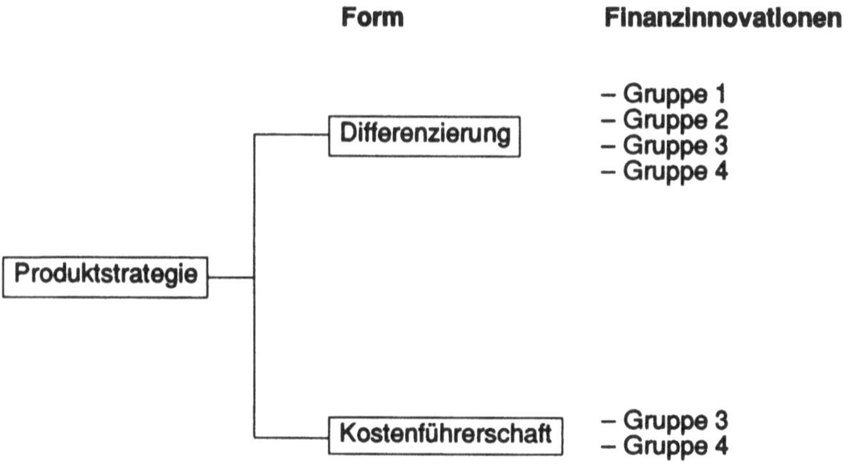

Abbildung 4: Finanzinnovationen als Resultat strategischer Produktentscheidungen

Abbildung 4 stellt die Finanzinnovationen als Resultat dieser zwei Strategieformen dar. Zunächst fällt auf, daß die Zuordnung der ein-

58 Tatsächlich führt Porter (1980) als dritte "generic strategy" auch noch die Nischenstrategie (focus) an. Sie bezieht sich lediglich auf ein Marktsegment und nicht, wie die anderen, auf den Gesamtmarkt. Ein Unternehmen mit dieser Strategie versucht, entweder die Kostenführerschaft innerhalb des Marktsegmentes zu übernehmen oder sich über Spezialprodukte mit kleiner Nachfrage zu differenzieren. Die Nischenstrategie unterscheidet sich daher nicht vom Inhalt her von den beiden anderen Strategien, sondern lediglich von der Zielgruppe aus betrachtet.

zelnen Gruppen von Finanzinnovationen zu den Strategien nicht überschneidungsfrei erfolgen kann. Der Grund dafür besteht in der Vielfalt der Instrumente, die in einer Gruppe subsumiert werden, bzw. in der Art der Klassifikation, die sich ja an geldtheoretischen Zwecken orientiert. Finanzinnovationen, die aus Rationalisierungsgründen von den Finanzdienstleistern entwickelt wurden, sind die der Gruppe 3. Die Automatisierung des Zahlungsverkehrs verringert die Kosten der Geschäftsbanken sowohl im Interbankenverkehr als auch in der Bank-Kunden-Beziehung. Ähnliches gilt für die Standardisierung der Kontrakte von Futures und Optionen (Gruppe 4). Sie vereinfacht den Handel mit diesen Instrumenten. Als Folge davon wachsen Umsatz und Liquidität in diesen Märkten, und die Banken können Skalenerträge realisieren, was zu einer Senkung ihrer Stückkosten beiträgt.

Im Gegensatz zu diesen Finanzinnovationen entspringen jene der Gruppen 1 und 2 aus der Differenzierungsstrategie. In der Bundesrepublik Deutschland ist dies besonders auffällig bei den verzinslichen Transaktionskonten, die zunächst nur von einigen Wettbewerbern angeboten werden. Aber auch über bestimmte Formen von Cash-Management-Systemen (Gruppe 3) versuchen sich einzelne Finanzinstitute zu differenzieren. Und nicht zuletzt können viele der Kapitalmarktinnovationen (Gruppe 4) und spezialisierte Verträge der Terminmarktinnovationen als ein Ergebnis von Differenzierungsbemühungen gewertet werden.

Daß der Wandel der Finanzmärkte und als Folge davon die Entwicklung der Finanzinnovationen gerade in den 70er und 80er Jahren so ausgeprägt waren, läßt sich mit bestimmten Marktfaktoren und -trends dieser Zeit erklären. Zu den wichtigsten dieser Faktoren gehören die staatlichen Regulierungen, die erhöhten Preisfluktuationen an den Finanzmärkten, die hohen Zins- und Inflationsraten, die im nationalen und internationalen Finanzgeschäft gestiegene Wettbewerbsintensität sowie der technologische Fortschritt. Zu den bedeutendsten Markttrends zählen die Globalisierung der Finanzmärkte und die Verbreitung von Securitization und "off balance sheet" – Transaktionen.[59]

2. Marktfaktoren

2.1 Staatliche Regulierungen

Staatliche Regulierungen spielen in dreifacher Weise eine bedeutende Rolle als Entstehungsgrund von Finanzinnovationen. Auf der einen Seite schaffen sie Anreize, Finanzinnovationen zu entwickeln, mit deren Hilfe die staatlichen Regelungen umgangen werden können;[60] andererseits entspringen Finanzinnovationen gerade erst der Beseitigung solcher Vorschriften. Drittens kann das Einführen von Finanzinnovationen auch erst durch das Erlassen von gesetzlichen Bestimmungen ermöglicht werden.

Das Bemühen, staatliche Vorschriften mittels Finanzinnovationen zu umgehen, war insbesondere in den USA eine der treibenden Kräfte des Innovationsprozesses. Dies läßt sich darauf zurückführen, daß die Vorschriften den Marktkräften zuwiderliefen und wettbewerbsverzerrend wirkten.

Ursache der Regulierungen in den USA war die im Jahre 1929 einsetzende Weltwirtschaftskrise. Die Heftigkeit des wirtschaftlichen Zusammenbruchs wurde zum großen Teil unsoliden Praktiken der Banken zugeschrieben. Sie hätten, so die damalige Auffassung,[61] im Wettbe-

---

59 Über die Bedeutung der Marktfaktoren und -trends bei der Entstehung der Finanzinnovationen herrscht in der Literatur generell Einigkeit. Vgl. z.B. Blank (1991).

60 Podolski (1986) spricht in diesem Zusammenhang von "circumventive innovation".

61 Diese Auffassung erscheint aus heutiger Sicht fragwürdig. Zu den Ursachen der Großen Depression vergleiche Friedman und Schwartz (1963), Galbraith (1972) und Kindelberger (1973).

werb um die knappen finanziellen Mittel die Zinsen immer höher getrieben, so daß letztlich ihre Zinseinnahmen dauerhaft unter den Refinanzierungskosten gelegen hätten, was unabwendbar zum Konkurs geführt habe. Um den Wiederholungsfall auszuschließen, wurden die Banken geänderten gesetzlichen Bestimmungen unterworfen. Als Beispiel sei hier lediglich auf die berühmte Glas Steagal Act von 1933 und die Regulation Q von 1935 eingegangen.[62]

Die Glas Steagal Act stellte das Trennbanksystem wieder her, das sich im Zuge des verschärften Wettbewerbs gelockert hatte. Sie beinhaltete das Verbot, das Wertpapier- und Einlagengeschäft gleichzeitig zu betreiben. Als Folge davon kam es zu der noch heute gültigen Trennung des Commercial vom Investment Banking. Die 1935 erlassene Regulation Q sah Höchstgrenzen für Habenzinssätze vor und verbot die Verzinsung von Giroguthaben.

Die durch diese beiden Gesetze verursachten Wettbewerbsverzerrungen wurden besonders deutlich, als ab Oktober 1979 die Zinsen infolge der restriktiven amerikanischen Notenbankpolitik drastisch anstiegen. Investmentbanken und Geldmarktfonds, die im Gegensatz zu den Geschäftsbanken nicht der Regulation Q unterlagen, konnten auf ihre Passiva marktmäßige Zinsen entrichten, die deutlich oberhalb der Zinsobergrenzen lagen.

Als Reaktion auf diese Situation versuchten die Geschäftsbanken, sich verstärkt an Investmentbanken und Geldmarktfonds zu beteiligen. Es entstanden die sogenannten Finanzkonglomerate. Außerdem entwickelten die Geschäftsbanken Anlageformen, die ex definitione den Zinsobergrenzen nicht unterlagen und mit deren Hilfe Giroguthaben verzinst werden konnten. Finanzinnovationen der Gruppe 1 sind in den USA also im wesentlichen auf den Versuch zurückzuführen, staatliche Regulierungen zu umgehen.

---

62 Einen detaillierten Überblick gibt Streit (1986).

Diese Situation übte einen starken Druck auf den amerikanischen Gesetzgeber aus; und so kam es auch zu Beginn der 80er Jahre zu mehreren deregulativen Bestimmungen, die u.a. die Beseitigung der Zinsobergrenzen bis 1986 vorsahen. Diese Liberalisierungsmaßnahmen wurden aber schon bald wieder mit reregulativen Vorschriften vermischt.

Das "Hin und Her" zwischen Regulierung, Umgehung und Reregulierung führte durch Kane (1983), (1984) zum Begriff der "Regulatory Dialectic". Diese Auffassung stellt die Finanzinnovationen als Ergebnis einer kontinuierlichen Auseinandersetzung "between opposing economic and political forces"[63] dar. Die Marktseite ist dabei im Vorteil, weil sie schneller auf erlassene Regulierungen reagieren kann als ihre politische Gegenseite auf Innovationen. Das resultiert nicht nur aus der Zeit, die für die Analyse der Konsequenzen von Finanzinnovationen für das Finanzsystem benötigt wird, sondern auch aus dem langwierigen parlamentarischen Prozeß, den eine vorgeschlagene Gesetzesänderung in einer Demokratie zu durchlaufen hat, bis sie Gültigkeit erlangt hat.

Trotz einiger anzuerkennender Kausalitäten muß gegen den Ansatz der regulativen Dialektik der Vorwurf der Einseitigkeit erhoben werden. Nicht nur, weil er jegliche anderen Ursachen von Finanzinnovationen als staatliche Regulierungen ignoriert, sondern auch, weil er übersieht, daß Finanzinnovationen aufgrund von Deregulierung und dem Erlassen von eigens für sie entwickelten Gesetzen entstehen können. In zahlreichen Ländern konnten Finanzinnovationen erst nach einer Liberalisierungsphase vom Ausland übernommen werden. Dies trifft auch für die Bundesrepublik Deutschland zu. Der deutsche Anleihemarkt wurde erst im Mai 1985 im Zuge der sogenannten "Restliberalisierung" für im Ausland schon seit langem bekannte Anleiheformen geöffnet.[64] Darunter fielen Floating-Rate-Notes, Zero-Bonds, Doppelwährungsan-

63 Kane (1984), S. 5.

64 Vgl. Deutsche Bundesbank (April 1985).

leihen und Anleihen in Verbindung mit Swaps. Weiterhin wurde mit der zum August 1989 in Kraft getretenen Börsengesetzesnovelle der rechtliche Rahmen für eine erfolgreiche Tätigkeit der Deutschen Terminbörse erlassen.[65] In der Bundesrepublik Deutschland waren also die Beseitigung bzw. das Erlassen von gesetzlichen Bestimmungen für den Entstehungszeitpunkt vor allem der Finanzinnovationen der Gruppe 4 verantwortlich.

2.2 Erhöhte Preisfluktuationen

Während die rechtlichen Bestimmungen den Entstehungszeitpunkt der Finanzinnovationen der Gruppe 4 determinierten, bildete die Zunahme der Preisfluktuationen auf den Finanzmärkten laut Dufey (1986) und BIS (1986) den Grund für die Entstehung der Nachfrage nach diesen Instrumenten. Denn mit Hilfe der Finanzinnovationen der Gruppe 4 können die Marktteilnehmer das den finanziellen Transaktionen anhaftende Preisrisiko transferieren und sich so dagegen absichern. Die Zunahme der Finanzmarktpreisschwankungen bildet das Ergebnis makroökonomischer Entwicklungen.

Meilenstein innerhalb dieser Entwicklungen stellt der Zusammenbruch des Regimes fester Wechselkurse von Bretton Woods im Jahre 1973 dar. Die Einführung des Systems flexibler Wechselkurse schuf bis dahin nicht ins Kalkül zu ziehende Preisschwankungen für Währungen und somit ein neues Risiko: das Wechselkursrisiko. Es ist um so größer, je unterschiedlichere Wirtschaftspolitiken die einzelnen Länder verfolgen und je gravierender als Folge davon die Zahlungsbilanzungleichgewichte sind. Eine Entwicklung, die derartige Ungleichgewichte geradezu heraufbeschwor, waren die beiden Ölpreisschocks in den

---

65 Mit dieser Neuregelung wurde die Termingeschäftsfähigkeit "kraft Information" eingeführt. Danach müssen auch Privatpersonen für ihre Verpflichtungen einstehen, wenn sie von ihrer Bank über die Risiken von Terminmarktgeschäften hinreichend informiert wurden. Vgl. Deutsche Bundesbank: Geschäftsbericht 1989, S. 52.

70er Jahren. In den 80er Jahren führten die entgegengesetzten Wirtschaftspolitiken der USA einerseits und Japan und der Bundesrepublik Deutschland andererseits zu großen Zahlungsbilanzungleichgewichten.

Eine Ursache für zunehmende Zinsschwankungen und - zinsabhängige internationale Kapitalströme unterstellt - auch für zunehmende Wechselkursschwankungen war die Aufgabe der Zinsen als relevante Zwischenzielvariable der Geldpolitik in den 70er Jahren. Statt dessen wurde von allen großen Notenbanken eine Geldmengenpolitik betrieben. Folglich schlugen sich Änderungen der Geldnachfrage in Fluktuationen der Zinsen und Wechselkurse nieder.

2.3 Hohe Zins- und Inflationsraten

Ein weiterer Faktor für die Entwicklung der Finanzinnovationen waren vor allem in den USA die hohen Zins- und Inflationsraten in den 70er und Anfang der 80er Jahre. Als in der Mitte der 70er Jahre die erste Innovationswelle in den USA ins Rollen kam, waren die Inflationsraten infolge des ersten Ölpreisschocks sehr hoch (siehe Tabelle 12). Während die durchschnittliche jährliche Inflationsrate der USA in den 60er Jahren 2,4% betrug, erreichte sie 1974 sogar 11%. Außerdem war das reale kurzfristige Zinsniveau, errechnet als Differenz zwischen Diskontsatz und Inflationsrate, in den Jahren 1974-1977 negativ. Diese Situation förderte den Wunsch der Wirtschaftssubjekte, ihre Finanz-Portefeuilles und insbesondere die Kassenhaltung zu ökonomisieren. Als Folge davon wurden in zunehmenden Ausmaß Finanzinnovationen der Gruppe 3 (z.B. Cash-Managment-Systeme) von Banken und Unternehmen entwickelt und eingesetzt. Aus dieser Motivation heraus, die Rentabilität ihrer Liquiditätshaltung zu verbessern, verlangten die Unternehmen auch verstärkt nach Übernacht-Geldmarktanlagen (z.B. Repurchase Agreements, Finanzinnovationen der Gruppe 2). Und auch die Haushalte waren bestrebt, ihren Bargeldbestand so gering wie möglich zu halten. So kam es zu dem verstärkten Gebrauch von Kreditkarten.

Tabelle 12: Diskontsatz und Inflation in den USA, 1973-1986, in %

Jahr	Inflationrate*	Diskontsatz
1973	6,4	7,50
1974	11,0	7,75
1975	9,1	6,00
1976	5,7	5,25
1977	6,5	6,00
1978	7,5	9,50
1979	11,4	12,00
1980	13,6	13,00
1981	10,2	12,00
1982	6,2	8,50
1983	3,1	8,50
1984	3,4	8,00
1985	3,5	7,50
1986	1,6	5,50

* Veränderung des Konsumentenpreisindex (alle Bestandteile)

Quelle: OECD (1990)

Die Situation zweistelliger Inflationsraten wiederholte sich Anfang der 80er Jahre als Folge des zweiten Ölpreisschocks. Gleichzeitig kam es zu einer Lockerung der Zinsobergrenzen auf Transaktionskonten durch die Einführung von NOW- und SNOW-Konten, die sich sehr schnell großer Beliebtheit erfreuten. Finanzinnovationen der Gruppe 1 stellen somit in den USA ein Resultat von Regulierung und hohen Opportunitätskosten der Kassenhaltung dar.

Tabelle 13: Diskontsatz und Inflation in der BRD, 1973-1986, in %

Jahr	Inflationrate*	Diskontsatz
1973	6,2	7,00
1974	6,8	6,00
1975	5,8	3,50
1976	4,1	3,50
1977	3,8	3,00
1978	2,7	3,00
1979	4,1	6,00
1980	5,3	7,50
1981	6,4	7,50
1982	5,3	5,00
1983	3,2	4,00
1984	2,4	4,50
1985	2,1	4,00
1986	0,0	3,50

* Veränderung des Konsumentenpreisindex (alle Bestandteile)

Quelle: OECD (1990)

Im Gegensatz zu den USA war das inflationäre Umfeld in der Bundesrepublik Deutschland wesentlich stabiler (siehe Tabelle 13). Niemals erreichten die Inflationsraten zweistellige Höhen. Die höchsten Preissteigerungsraten traten nach dem ersten und zweiten Ölpreisschock 1974 und 1981 auf und betrugen 6,8% bzw. 6,4%. Folglich war der Druck von deutschen Nachfragern auf die Anbieter von Finanzdienstleistungen, Instrumente zur Ökonomisierung der Kassenhaltung anzubieten, nicht so stark wie in den USA.

2.4 Verstärkter Wettbewerb

Eine weitere Ursache von Finanzinnovationen bestand in dem zunehmenden Wettbewerb im internationalen und nationalen Finanzgeschäft. Er bildete das Resultat mehrerer Faktoren:

Einen wichtigen Faktor auf internationaler Ebene stellte die verschlechterte Bonität vieler Kunden, aber auch der Banken selbst dar. Sie war ein Ergebnis aus Schuldenkrise und Preisverfall im Energiesektor. Gründe für den Ausbruch der Schuldenkrise gab es mehrere.[66] Zu nennen ist zunächst die verfehlte Wirtschaftspolitik in den Schuldnerländern selbst. Sie führte dazu, daß die geliehenen Kredite entweder für Kapitalanlagen im Ausland benutzt oder für Investitionen bereitgestellt wurden, die die erhoffte Ertragsrate nicht erfüllten. Ein weiterer Grund lag in dem stark anziehenden internationalen Zinsniveau, was Ausdruck der restriktiven, inflationsbekämpfenden Politik der US-amerikanischen Notenbank war. Einher mit dieser Entwicklung ging der Preisverfall des Erdöls, welcher Devisenbestände und Zahlungsfähigkeit der ölexportierenden Schuldnerländer reduzierte. Der starke Preisverfall des Erdöls minderte aber nicht nur die Zahlungsfähigkeit der ölproduzierenden Schuldnerländer, sondern auch die der Ölproduzenten in den Industrieländern.[67]

Durch diese Entwicklungen wurde die Kreditwürdigkeit vieler internationaler Banken in Frage gestellt. Dramatischster Ausdruck dieses Phänomens war der "run" auf die Continental Illinois Bank im Frühjahr 1984. Aber auch im Jahr 1991 stellte sich insbesondere das US-ameri-

66 Einen ausführlichen Überblick über Ursachen und Ausmaß der Schuldenkrise geben Dornbusch und Fischer (1985).

67 Vgl. hierzu auch BIS (1986).

kanische Bankensystem sehr fragil dar. JP Morgan beispielsweise ist die einzige US-Bank, die von Moody's noch ein Aaa Rating erhält.

Die allgemein verschlechterte Schuldnerbonität verschärfte den Wettbewerb um Kunden erster Adressen. Dieser Druck wurde durch in jüngerer Zeit unternommene Regulierungen noch verstärkt. In diesem Zusammenhang sind vor allem die erhöhten Erfordernisse neuer Eigenkapitalbestimmungen zu nennen.[68] Die internationale Liberalisierungstendenz der Finanzmärkte zu Beginn der 80er Jahre war ein weiterer den Wettbewerb intensivierender Faktor. Sie führte dazu, daß sich die heimischen Institute verstärkt mit ausländischer Konkurrenz auseinanderzusetzen hatten. Außerdem gab sie Unternehmungen aus anderen Branchen die Möglichkeit, in den Finanzsektor einzutreten, was diese im Zuge eines allgemein gestiegenen Bedürfnisses nach Diversifikation auch taten. Diese ursprünglich branchenfremden Unternehmen verfolgten nun im Finanzsektor eine aggressive, auf Expansion angelegte Politik.

Deutsche Kreditinstitute wurden von diesen Faktoren ebenfalls berührt, wenn auch mit unterschiedlicher Gewichtung. So wurden sie von der verschlechterten Schuldnerbonität und den verschärften Eigenkapitalbestimmungen nicht so schwer getroffen wie ihre US-amerikanischen Konkurrenten. Vielmehr konnten sie aufgrund ihres relativ kleinen Kreditengagements in lateinamerikanischen Ländern und ihrer starken Eigenkapitalbasis im internationalen Vergleich gestärkt aus den 80er Jahren hervorgehen. Dagegen spielte die Öffnung des deutschen Marktes für ausländische Banken eine bedeutendere Rolle im Hinblick auf die Wettbewerbsintensität des deutschen Bankensektors. Mit Inkrafttreten der Novelle des Kreditwesengesetzes von 1984 entfiel die bis dahin für ausländische Kreditinstitute notwendige Bedürfnisprüfung.

---

68 Nach der Konvergenzvereinbarung des Basler Ausschusses für Bankenaufsicht von 1988 wird das Eigenkapital einer Bank für angemessen erachtet, wenn es mindestens 8 % des gesamten, risikogewichteten Kreditengagements beträgt. Vgl. hierzu z.B. Lamfalussy (1990).

Sie hatte die Erlaubnis für eine Niederlassung ausländischer Banken am deutschen Markt von dem Bestehen eines gesamtwirtschaftlichen Interesses abhängig gemacht. Mit dem Wegfall dieser Marktzutrittsbeschränkung wurde die Präsenz ausländischer Kreditinstitute in Deutschland verstärkt. Die Erklärung der Bundesbank über die Begebung von DM-Auslandsemissionen vom 12. April 1985, die am 1. Mai 1985 in Kraft trat, wirkte in dieselbe Richtung. Sie löste das seit 1968 bestehende Gentleman's Agreement zwischen dem Kreditgewerbe und der Bundesbank ab, das den Ausschluß ausländischer Kreditinstitute vom inländischen DM-Anleihemarkt beinhaltete. Seit Mai 1985 können alle deutschen Kreditinstitute, also auch rechtlich selbständige Institute im Auslandsbesitz, die Konsortialführung für DM-Auslandsemissionen übernehmen. Dabei mußten die DM-Auslandsanleihen zunächst eine Mindestlaufzeit von 5 Jahren bei öffentlichen Emissionen und von 3 Jahren bei Privatplazierungen aufweisen. Diese Mindestlaufzeiten wurden im Zuge der Erklärung über DM-Auslandsemissionen vom 20. Juni 1989, die zum 1. Juli 1989 in Kraft trat, vereinheitlicht und auf 2 Jahre gesenkt.[69] Zusätzlich verschärfte sich die Wettbewerbssituation durch ein verlangsamtes Wachstum des Bankensektors. Während in den Jahren von 1968 bis 1978 die jährliche Expansionsrate des Kreditgewerbes in Deutschland rund 12 % betrug, verringerte sie sich in den darauffolgenden zehn Jahren auf 7 %.[70]

Als Folge des intensiveren Wettbewerbs sanken die Gewinnmargen der Finanzinstitute. Daraufhin reagierten die Banken mit einer Anpassung ihrer Strategien. Sie rationalisierten ihren Geschäftsablauf mit der Folge einer steigenden Verbreitung von Finanzinnovationen der Gruppe 3. Außerdem boten sie neue Leistungen am Markt an, um den Kundenbedürfnissen besser Rechnung zu tragen. So kam es auf dem deutschen Markt zu einer zunehmenden Verwischung der traditionellen

---

69 "Eine Mindestlaufzeit von weniger als zwei Jahren hätte es inländischen Kreditinstituten erlaubt, über ausländische Adressen mindestreservefreie Papiere zu begeben, für die bei einer Begebung im Inland Mindestreserve zu halten wäre." Deutsche Bundesbank (Juli 1989), S. 16.

70 Vgl. Deutsche Bundesbank (April 1989).

Geschäftsbereiche von Banken und Versicherungen. Auf den internationalen Finanzmärkten führten diese Differenzierungsstrategien zu Produktinnovationen vor allem im Bereich der Finanzinnovationen der Gruppe 4. Das für die Finanzmärkte typische Fehlen eines Patentschutzes auf derartige Innovationen verkürzt dabei die Zeit, in der die Produkte noch nicht von Konkurrenten übernommen werden. Im Zusammenhang mit der hohen Substituierbarkeit der Finanzprodukte untereinander, die eine langfristig angelegte Beziehung der Kunden zum Anbieter überflüssig erscheinen läßt, wirken diese Umstände besonders innovationsfördernd.[71] Für die Banken verringert sich dadurch der Spielraum, in dem sie Preispolitik betreiben können. Banken verhalten sich also in zunehmendem Maße, zumindest in dieser Geschäftssparte, als Mengenanpasser. Die Gewinne der Banken - und damit die Stabilität des internationalen Finanzsystems - hängen daher zunehmend davon ab, inwiefern die ex ante erfolgte Einschätzung der mit den Finanzierungen verbundenen Risiken sich auch ex post als gültig erweist. Gefahr könnte vor allem dann bestehen, wenn der steigende Wettbewerb die Banken zu einer größeren Risikoneigung zwingt bzw. zu einer Geringschätzung der Risiken. Der Aufschlag für übernommene Risiken verringerte sich in diesem Fall. Die angemessene Höhe des Risikoaufschlages wird also u.U. erst in einem das Finanzsystem belastenden "trial and error"-Verfahren herausgefunden werden. Dies würde zu einem Abzug von Kapital aus dem Sektor der Finanzintermediation führen, der in Bankenschließungen seinen Ausdruck fände.

2.5 Technologischer Fortschritt

In engem Zusammenhang mit dem verschärften Wettbewerb steht der technologische Fortschritt als Entstehungsgrund von Finanzinnovationen. Er erhöht die Transparenz auf den Finanzmärkten mit der Folge,

---

71 Die Finanzmärkte bieten daher ein anschauliches Beispiel dafür, daß Wettbewerb ein Entdeckungsverfahren im Sinne von Hayek (1968) ist.

daß der Informationsfluß sowohl auf den einzelnen nationalen Märkten als auch zwischen ihnen effizienter verarbeitet werden kann. Dadurch wird das Zusammenwachsen der nationalen Märkte zu einem internationalen Markt technisch ermöglicht, was gleichzeitig bedeutet, daß die Anbieter nicht nur dem nationalen, sondern auch dem internationalen Wettbewerb ausgesetzt sind. Somit hat der technologische Fortschritt einen erheblichen Anteil an einer wahrscheinlich wettbewerblichen Preissetzung und an der hohen Imitationsgeschwindigkeit, der neue Finanzprodukte unterliegen.

Darüber hinaus basieren viele der neuen Finanzierungsinstrumente, besonders die Finanzinnovationen der Gruppe 3, auf technologischen Fähigkeiten. Aber auch die standardisierten Future- und Optionsmärkte (Finanzinnovationen der Gruppe 4) sind ohne die Hilfe computergestützter Technologie zumindest nicht in ihrer heutigen quantitativen Bedeutung vorstellbar. Der technische Fortschritt bildet somit eine notwendige Voraussetzung vor allem für Finanzinnovationen der Gruppen 3 und 4.

3. Internationale Finanzmarkttrends

3.1 Globalisierung

Mit Globalisierung bezeichnet Zdrahal (1988) den Prozeß, an dessen Ende die völlige Verschmelzung der nationalen Finanzmärkte zu einem großen internationalen Markt steht. Dieser Prozeß ist ein Ergebnis von Liberalisierungstendenzen und technologischem Fortschritt. Darüber hinaus tragen einige der neuen Finanzierungsinstrumente zur weltweiten Integration der Finanzmärkte bei.[72]

Die in diesem Zusammenhang wohl wichtigsten Deregulierungsmaßnahmen waren der seit dem Zusammenbruch des Währungssystems

---

72 Vgl. hierzu z.B. Sijben (1988) sowie Pöhl (1988).

von Bretton Woods schrittweise einsetzende Abbau der Kapitalverkehrskontrollen und der Abbau der mit dem internationalen Kapitalverkehr verbundenen Steuern.[73] Insbesondere in den 80er Jahren konnte ein regelrechter "free market" Trend unter den Politikern konstatiert werden.[74] Die Betonung lag dabei auf den positiven Allokationseffekten eines ungehinderten, grenzüberschreitenden Kapitalverkehrs.

Die Beseitigung der Kapitalverkehrskontrollen ermöglichte institutionellen Anlegern, ihre Portfolios international zu diversifizieren. Infolgedessen kam es zu einer weltweiten Integration von Bond- und Aktienmärkten.[75] Der Abbau von mit dem internationalen Kapitalverkehr in Verbindung stehenden Steuern eröffnete neue Arbitragemöglichkeiten, die gewaltige internationale Kapitalströme auslösten.

Diese allgemein für die OECD Länder dargestellte Entwicklung trifft auch für die Bundesrepublik Deutschland im besonderen zu. Vor allem in der Endphase des Bretton-Woods-Systems versuchte die Bundesbank, den Aufwertungsdruck auf die D-Mark durch Restriktionen des Kapitalimportes zu lindern.[76] Nach der Einführung flexibler Wechselkurse im März 1973 entschärfte sich das Problem unerwünschter Kapitalimporte. Die Kapitalkontrollen konnten daher in zunehmendem Maße abgebaut werden. Als im Gefolge des zweiten Ölpreisschocks die deutsche Leistungsbilanz 1980 ein hohes Defizit aufwies und die D-Mark sich abwertete, wurde mit dem Abbau der noch verbliebenen Kontrollen begonnen. Die Bundesbank sah im freien Kapitalverkehr

---

73 Einen Überblick über die Liberalisierungsschritte im OECD-Raum gibt die OECD (1990a).

74 "More generally, the willingness to do away with exchange controls can be viewed as part and parcel of a broad change in policy attitudes aimed at removing bureaucratic interference in economic decision-making, thereby making domestic markets more efficient and flexible and aiding the process of structural adjustment and reform." OECD (1990a), S. 10.

75 Sie äußert sich u.a. darin, daß immer mehr Aktien weltweit gehandelt werden. Vgl. BIS (1986).

76 Eine Auflistung der einzelnen Maßnahmen findet sich bei Deutsche Bundesbank (Juli 1985).

keine Gefahr mehr für die Einhaltung ihres Geldmengenziels. Zudem begrüßte sie seine positiven Allokationswirkungen. Seit März 1981 ist "der Kapitalimport der Bundesrepublik ebenso wie der Kapitalexport umfassend liberalisiert".[77]

Wichtiges Datum für die Integration von deutschem und ausländischen Finanzmärkten war auch die schon erwähnte Novelle des Kreditwesengesetzes von 1984 und die Erklärungen der Bundesbank zu DM-Auslandsemissionen von 1985 und 1989. Als Folge dieser Erleichterungen für ausländische Kreditinstitute, am deutschen Markt Fuß zu fassen, stieg die Zahl ausländischer Banken in Deutschland bis 1989 auf 291 an.[78]

Während die Liberalisierungsmaßnahmen die rechtliche Grundlage des Globalisierungsprozesses darstellen, bildet der hohe Entwicklungsstand in der Kommunikationstechnologie das wichtigste Hilfsmittel für die zunehmende Integration der Finanzmärkte. Er bewirkt, daß Zeit- und Raumdifferenzen, die noch vor einigen Jahren der Globalisierung entgegenstanden, heute nahezu mühelos und kostengünstig überwunden werden können. Dadurch sichert die Telekommunikationselektronik die technische Durchführbarkeit des Prozesses.

Finanzinnovationen der Gruppe 4 tragen insofern zu einer Globalisierung der Finanzmärkte bei, als sie das bedeutendste Risiko, das mit Transaktionen auf fremdländischen Märkten verbunden ist, das Wechselkursrisiko, handelbar machen. Auf diese Weise kann sich der einzelne Marktteilnehmer gegen dieses Risiko absichern, so daß es kaum noch ein Hindernis für grenzüberschreitende Finanztransaktionen darstellt.

---

77 Deutsche Bundesbank (Juli 1985), S. 19.

78 So Büschgen (1989) zufolge.

3.2 Securitization

Der Begriff der Securitization kennzeichnet in Anlehnung an den englischen Ausdruck für Effekten ("securities") den zunehmenden Trend der Substitution von herkömmlichen Kreditfinanzierungen durch Wertpapierfinanzierungen. Er steht somit für die Ablösung von Buchkrediten durch solche Forderungen, "die mit handelbaren Wertpapieren unterlegt sind".[79]

Ein Grund für diesen Trend liegt in der verminderten Kreditwürdigkeit der internationalen Banken. Aus der verschlechterten Schuldnerbonität resultierte sowohl seitens der Banken als auch der Nichtbanken das Bedürfnis nach erhöhter Liquidität. Die Securitization entspricht diesem Bedürfnis, da durch die Verbriefung Kredite handelbar gemacht werden und eine größere Marktnähe aufweisen. Außerdem kommt sie dem Wunsch der Unternehmen nach geringen Finanzierungskosten nach. Denn wegen der verschlechterten Bonität der Banken erhielten viele Unternehmen ein besseres "Rating" als die Banken selbst und konnten sich deshalb kostengünstiger an den Anleihemärkten als durch Buchkredite finanzieren.

Als Folge der Securitization sinkt die Qualität der Kreditportfolios der Banken.[80] Erstklassige Schuldner werden sich direkt an den Anleihemärkten finanzieren. Lediglich die Kunden bleiben den Banken im traditionellen Kreditgeschäft erhalten, deren Bonität schlechter als die der Banken ist. Um nicht in einen circulus vitiosus sich verschlechternder Bonität zu geraten, was auch für die Stabilität des Weltfinanzsystems negative Konsequenzen haben könnte, fragen die Banken als Ausgleich zu ihren Kreditportefeuilles zunehmend hochrangige Wertpapiere nach. Dadurch schaffen sie teilweise selbst eine umfangreiche Nachfrage nach Anleihen und fördern so das Ausmaß der Securitization an den internationalen Märkten.

---

79 Dombret (1987), S. 21.

80 Zum folgenden vergleiche z.B. Gleske (1986) und Schröder (1988).

Aus dem Trend zur Securitization resultiert auch der Rollenwandel der Finanzinstitute im internationalen Bankgeschäft weg vom traditionellen Betreuungsinstitut hin zum Makler, desen Aufgabe in der marktgerechten Ausgestaltung und Plazierung von Anleihen besteht. Um nicht in zunehmendem Maße aus dem finanziellen Kreislauf vom Sparer zum Investor ausgeschaltet zu werden – ein Prozeß, der als Desintermediation bezeichnet wird –, sehen sich die Banken dabei häufig gezwungen, das Plazierungsrisiko von Wertpapieremissionen zu übernehmen.

Tabelle 14: Securitization am Euromarkt
(Volumen in Mrd. US$)

Jahr*	Konsortialkredite	Wertpapieremissionen**
1982	99(56%)	77(44%)
1983	52(40%)	77(60%)
1984	37(23%)	127(77%)
1985	21(9%)	215(91%)
1986	38(12%)	293(78%)
1987	88(26%)	246(74%)
1988	99(25%)	305(75%)
1989	152(32%)	325(68%)
1990	157(33%)	315(67%)

* 1991 erfolgte eine Umstellung der Statistik, so daß die Vergleichbarkeit mit früheren Jahren nicht mehr gegeben ist.

** Wertpapieremissionen umfassen Euro-Commercial-Papers, kurz- und mittelfristige Euronotes, langfristige fest- und variabel verzinsliche Anleihen sowie eigenkapitalbezogene Emissionen.

Quelle: BIS, lfd. Jahresberichte; eigene Berechnungen

Das Ausmaß des Rollen- und Strukturwandels am Euromarkt als Folge der Securitization verdeutlicht Tabelle 14. 1982 erfolgten lediglich 44 % der Finanzierungen mittels Anleihen. 1983 überstiegen die Wertpapieremissionen zum ersten Mal das Volumen an Konsortialkrediten. 1985 erreichte der Trend zur Securitization seinen Höhepunkt, als 91 % der Finanzierungen über Anleiheemissionen und nur 9 % über die Vergabe von Konsortialkrediten erfolgten. Seit 1986 ist die relative Bedeutung der Finanzierungen mit Hilfe von Wertpapiere rückläufig. 1990 machten sie nur noch 67 % der am Euromarkt getätigten Finanzierungen aus. Der Grund für den rasanten Anstieg der Konsortialkredite 1989 und 1990 lag in dem zunehmenden Volumen von Fusionen und Unternehmensübernahmen, das auf diese Weise finanziert wurde.[81]

Tabelle 15: Securitization am deutschen Finanzmarkt (Volumen in Mrd. DM)

Jahr	Buchkredite + Darlehen an Nichtbanken		Netto-Absatz festverzinsl. Wertpapiere inländischer Emittenten*	
1983	1691	(95,1%)	88	(4,9%)
1984	1791	(96,1%)	72	(3,9%)
1985	1902	(96,0%)	79	(4,0%)
1986	1971	(95,7%)	88	(4,3%)
1987	2045	(95,6%)	93	(4,4%)
1988	2164	(98,1%)	41	(1,9%)
1989	2298	(96,6%)	81	(3,4%)
1990	2675	(95,0%)	227	(7,8%)
1991	2954	(92,8%)	228	(7,2%)
1992	3190	(91,3%)	305	(8,7%)

* Netto-Absatz unter Berücksichtigung der Eigenbestandsveränderungen

Quelle: Statistische Beihefte zu den Monatsberichten der Deutschen Bundesbank, lfd. Ausgaben, Reihe 2, Tab. 1a; Reihe 1, Tab. 1.0; eigene Berechnungen

81 Detaillierte Zahlen hierzu liefert die BIS (1991).

Anders als auf dem Euromarkt konnte sich der Trend zur Securitization auf den nationalen Finanzmärkten nicht eindeutig durchsetzen. Dies trifft auch für die Bundesrepublik Deutschland zu (siehe Tabelle 15). Zwischen 1983 und 1987 blieb der Anteil der festverzinslichen Wertpapiere inländischer Emittenten am deutschen Kreditmarkt, definiert als die Summe aus Buchkrediten und Darlehen an Nichtbanken zuzüglich dem Nettoabsatz festverzinslicher Wertpapiere inländischer Emittenten, mit rund 4 % auf niedrigem Niveau relativ konstant. 1988 fiel der Anteil der festverzinslichen Wertpapiere inländischer Emittenten am deutschen Kreditmarkt sogar auf 1,9 %, um seitdem nahezu kontinuierlich zu steigen. 1992 erreichte er 8,7 %, was gemessen an der Securitization am Euromarkt allerdings immer noch gering ist.

3.3 Bilanzunwirksame Transaktionen

Bei bilanzunwirksamen Geschäften handelt es sich um Transaktionen, die als solche nicht aus den Bilanzen erkennbar sind. Hierunter fallen alle Formen von Bankgarantien.[82] Sie stellen Finanzierungszusagen der Banken gegenüber Kunden oder Dritten dar, die in der Regel nicht in Anspruch genommen und deshalb auch als Eventualverpflichtungen bezeichnet werden. Zu den bilanzneutralen Geschäften zählen außerdem das gesamte Emissions-(Makler-)Geschäft sowie Transaktionen mit Terminmarktinnovationen (Optionen, Financial Futures, Forward Rate Agreements) und Swaps.

Das Ausmaß der bilanzneutralen Transaktionen übersteigt bei einigen ausländischen Instituten die Bilanzsumme um ein Vielfaches.[83] Ihre Bedeutung für die Kreditinstitute in der Bundesrepublik Deutschland ist dagegen geringer. Dennoch konnten die außerbilanziellen Geschäfte

---

82 Einen detaillierten Überblick über die Formen der Bankgarantien gibt die BIS (1986).

83 Kilgus (1988) schätzt die Beträge der Off-Balance-Sheet-Geschäfte des Jahres 1986 bei der amerikanischen Citicorp auf das dreifache ihrer Bilanzsumme.

in den letzten Jahren auch in der Bundesrepublik ein stetig steigendes Gesamtvolumen verzeichnen. In der Zeit zwischen Ende 1986 und Ende 1989 wuchs ihr Anteil von 29 % auf etwa 56 % des bilanzwirksamen Geschäfts der Banken.[84]

Die zunehmende Bedeutung der außerbilanziellen Geschäfte läßt sich also zum Teil auf den verstärkten Gebrauch von Finanzinnovationen der Gruppe 4 zurückführen bzw. auf deren Entstehungsursachen. Außerdem sind die "off balance sheet"-Transaktionen Bestandteil des Trends zur Securitization, insofern als aus ihm der Gebrauch von Finanzierungen resultiert, bei denen die Banken das Plazierungsrisikos übernehmen. Denn die Übernahme dieses Risikos bedeutet gleichzeitig eine Kreditgarantie im Falle der Nicht- oder nur teilweisen Plazierung der Anleihen. Ein weiterer Grund für die zunehmende Bedeutung der nicht-bilanzwirksamen Tätigkeiten besteht in dem Bestreben der Banken, verschärfte Eigenkapital- und Liquiditätsvorschriften zu umgehen. Deutschen Banken bietet sich dieses Schlupfloch allerdings nicht mehr. Seit dem 1. Oktober 1990 werden die bilanzneutralen Transaktionen in die neuen Grundsätze I und Ia über das Eigenkapital der Kreditinstitute einbezogen.[85]

4. Der Stand in der Bundesrepublik Deutschland

Die vorangegangenen Ausführungen haben gezeigt, daß die Bundesrepublik Deutschland in bezug auf Finanzinnovationen als innovationsträge gelten kann. Sie stellte nie den Entstehungsort bedeutender Finanzinnovationen dar und übernahm solche auch erst mit erheblicher Verzögerung aus dem Ausland. Im folgenden sollen die Gründe dieser Trägheit zusammengefaßt und ein kurzer Ausblick gegeben werden.

---

84 Vgl. Deutsche Bundesbank (August 1990), S. 39.

85 Zur genauen Veranlagung vergleiche Deutsche Bundesbank (August 1990).

Ein Grund für die Rückständigkeit in bezug auf Finanzinnovationen der Gruppe 1 lag in dem stabilen monetären Umfeld der Bundesrepublik. Aufgrund einer stabilitätsorientierten Geldpolitik waren die Preisfluktuationen gegenüber anderen Ländern gering. Dadurch wurde die Zinssensibilität des Deutschen verhältnismäßig wenig geschärft und der Wunsch nach Finanzinnovationen, die die Kassenhaltung verzinsen, nicht gefördert. Ein weiterer Grund ist die relativ geringe Wettbewerbsintensität innerhalb des deutschen Bankensektors. Zwar hat sich auch in der Bundesrepublik der Wettbewerb im Bankensektor aufgrund der Öffnung des deutschen Finanzmarktes für ausländische Kreditinstitute und der in den 80er Jahren verlangsamten Wachstumsraten verschärft. Doch lag das durchschnittliche Wachstum der letzten Dekade in der Kreditwirtschaft mit 7 % p.a. weit über dem des Bruttosozialproduktes. Das läßt einen besonders scharfen Wettbewerb innerhalb dieser Branche nicht vermuten. Darüber hinaus wirkt die wettbewerbsrechtliche Sonderbehandlung des Kreditgewerbes wettbewerbshemmend. Sie erlaubt den Banken, mittels Verbandsempfehlungen über Kontoführungsgebühren und Einlagenzinsen kartellähnliche Absprachen zu treffen. Das von der Bundesbank viel gerühmte liberale deutsche Umfeld, in dem Zinsobergrenzen auf Einlagen schon 1967 formal abgeschafft waren, bewahrte jene de facto bis in die heutige Zeit. In der Zukunft ist zu erwarten, daß sich die Rahmenbedingungen zugunsten einer Verbreitung der Finanzinnovationen der Gruppe 1 verändern werden. Zum einen sieht die geplante Novelle des GWB die Umstellung der Mißbrauchsaufsicht auf das Verbotsprinzip vor. Dadurch werden dem Kreditgewerbe Verbandsempfehlungen und gleichförmiges Verhalten erheblich erschwert werden. Darüber hinaus existieren bereits Anzeichen dafür, daß ausländische Kreditinstitute marktmäßig verzinste Girokonten anbieten, um ihren Marktanteil auszudehnen.

Mit einer vom Ausland, insbesondere von den USA, unterschiedlichen Präferenzordnung könnte die relativ geringe Verbreitung von Finanzinnovationen der Gruppe 2 erklärt werden. Doch erscheint eine vom

Ausland verschiedene Bedürfnisstruktur der Deutschen für die Rückständigkeit der Bundesrepublik im Bereich dieser Finanzinnovationen als Erklärungsursache nicht ausreichend. Dagegen sprechen nämlich die hohen Zuwachsraten vor allem im Bereich der Travel & Entertainment Cards. Wahrscheinlicher ist es, daß wegen der relativ geringen Wettbewerbsintensität innerhalb des deutschen Bankensektors die Anbieter es nicht für erforderlich hielten, Produktinnovationen zum frühestmöglichen Zeitpunkt am Markt einzuführen. Außerdem verhindern die gesetzlichen Bestimmungen immer noch die Einführung reiner Geldmarktfonds am deutschen Markt.

Ursache der zunehmenden Verbreitung der Finanzinnovationen der Gruppe 3 sind der technische Fortschritt und der zunehmende Wettbewerb im Kreditgewerbe. Der technische Fortschritt stellt eine notwendige Bedingung dar, die diesen Prozeß erst ermöglicht. Die zweite notwendige Bedingung ist der sich verschärfende Wettbewerb. Er führt zu dem Implementieren dieser kostensenkend wirkenden Finanzinnovationen.

Aufgrund des hohen Maßes an Preisniveaustabilität und der im Vergleich zu den amerikanischen Banken guten Bonität der deutschen Kreditinstitute war das Bedürfnis nach Finanzinnovationen der Gruppe 4 weniger ausgeprägt in der Bundesrepublik als im Ausland. Hauptgrund für die schleppende Entwicklung der Finanzinnovationen dieses Bereichs war aber die zögernde Haltung der Bundesbank und des Gesetzgebers. So kam es erst im Mai 1985 zur sogenannten "Restliberalisierung" des deutschen Kapitalmarktes, seit der die Begebung von Zero-Bonds, Floating Rate Notes, Doppelwährungsanleihen und Anleihen in Verbindung mit Swaps am deutschen Markt erlaubt ist. Mit der im August 1989 in Kraft getretenden Börsengesetzesnovelle wurde dann der gesetzliche Rahmen für die Deutsche Terminbörse geschaffen. Bei der erfolgreichen Entwicklung der zur Zeit dort gehandelten Produkte (Aktienoptionen, DAX-Futures und Bund-Futures), ist mit der

Übernahme weiterer Terminmarktinnovationen aus dem Ausland in naher Zukunft zu rechnen.

Bezogen auf die Bundesrepublik Deutschland kann festgehalten werden, daß Wettbewerb, staatliche Regulierungen und technischer Fortschritt die wesentlichen Determinanten des Innovationsprozesses sind.

C. Geldpolitische Implikationen der Finanzinnovationen

In diesem Kapitel wird zunächst die Frage gestellt, ob Finanzinnovationen zu einer fundamentalen Änderung unserer heutigen Geldordnung führen. Dabei werden die Möglichkeit eines Systems mit monetärer Funktionentrennung sowie der Währungswettbewerb als alternative Geldordnung geprüft. Im Anschluß daran werden die Implikationen von Finanzinnovationen für die bestehende Geldordnung untersucht. Es werden die Fragen diskutiert, inwiefern Finanzinnovationen die Wirksamkeit des monetären Transmissionsmechanismus' und die Wahl des geldpolitischen Zwischenziels beeinflussen.

I. Finanzinnovationen und Geldordnung

Die Nachfrage nach Zentralbankgeld seitens der privaten Wirtschaftssubjekte ist eine grundlegende Voraussetzung für das Funktionieren einer Geldpolitik. Besteht innerhalb des privaten Sektors kein Bedarf, Zentralbankgeld zu halten, ist die Notenbank "out of the money-creating business".[86] In diesem Fall wäre das Güterpreisniveau nicht mehr eine Funktion der Zentralbankgeldmenge, und eine neue Geldordnung entstünde. Die jüngere Literatur bietet zwei Alternativen an: Eine Geldordnung, in der Tauschmittel- und Recheneinheitsfunktion nicht mehr vereint in einem Gut, sondern getrennt voneinander auftreten, oder eine Geldordnung, in der private Währungsanbieter um die Gunst der Wirtschaftssubjekte konkurrieren. Finanzinnovationen werden dabei als Symptom bzw. Ursache dafür gewertet, daß die hochentwickelten Volkswirtschaften auf eine der beiden genannten monetären Ordnungen zustreben. Im folgenden soll gezeigt werden, warum diese Betrachtungsweise nicht zu überzeugen vermag. Dabei wird zunächst

---

86 Cagan (1986), S. 197.

zwecks besseren Verständnisses die jeweilige Geldordnung kurz umrissen. Im Anschluß daran wird aufgezeigt, warum die tatsächliche Entwicklung nicht in Richtung einer dieser Geldordnungen verläuft. Außerdem werden die institutionellen Hindernisse für ein neues monetäres System dargelegt.

1. Monetäre Funktionentrennung

Die gedankliche Strömung, die sich in den letzten Jahren mit einer Trennung von Tauschmittel- und Recheneinheitsfunktion auseinandergesetzt hat, erhielt von Hall (1982a) den Namen "New Monetary Economics" (NME). Greenfield und Yeager (1983) gaben ihr die Bezeichnung "BFH-System", benannt nach Black (1970), Fama (1980a) und Hall (1982a). Wallace (1983) bezeichnete sie als "Legal Restrictions Theory".[87] Die NME gehen davon aus, daß durch den technologischen Fortschritt und die Weiterentwicklung und Verbreitung der Finanzinnovationen der Gruppe 3 sich schließlich die Bargeldnachfrage der Wirtschaftssubjekte auf Null reduziert. Die gesamtwirtschaftliche Nachfrage nach Zentralbankgeld besteht dann lediglich aus der Reserveverpflichtung der Banken und ist somit ein Ergebnis staatlicher Regulierung. Diese Regulierung des Bankensektors wird von den Vertretern der NME als wohlfahrtsmindernd angesehen, weil sie die von den Banken bereitgestellten Finanzdienstleistungen als Güter ohne externe Effekte betrachten.[88] Sie fordern daher die völlige Deregulierung des Bankensektors mit der Folge der Beseitigung der Zentralbankgeld-

---

87 Im folgenden wird als Oberbegriff dieser Richtung die Bezeichnung NME verwendet. Einen Überblick über die Vorläufer der NME, die bis ins 18. Jahrhundert zurückreichen, geben Cowen und Kroszner (1987a).

88 Wie Barro (1985) und McCallum (1985) betonen, unterscheiden sich die Vertreter der NME vor allem in diesem Punkt von den Monetaristen, die in der Bereitstellung der gesamtwirtschaftlichen Liquidität externe Effekte vermuten und daher eine Regulierung des Finanzsektors unterstützen. Barro (1985, S. 47) bemerkt dazu "that the main argument is not theoretical, in the sence that a satisfactory theory has not been worked out. Rather the policy advice comes from a reading of history."

nachfrage. Wenn aber Zentralbankgeld kein Tauschmittel mehr darstellt und somit wertlos geworden ist,[89] dann treten Recheneinheits- und Tauschmittelfunktion nicht mehr vereint, sondern getrennt voneinander auf. In dieser Situation kommt dem Staat die Aufgabe zu, eine neue Recheneinheit zu definieren.[90] Diese Recheneinheit kann theoretisch in jedem beliebigen Gut fixiert sein. Preisniveauschwankungen stellen dann das Resultat aus relativen Angebots- und Nachfrageverschiebungen zwischen der Ware, die als Recheneinheit dient, und den übrigen Gütern der Volkswirtschaft dar. Insofern erinnern die NME an den Goldstandard, dessen Instabilität zum Teil aus veränderten Angebots- und Nachfragekonstellationen am Goldmarkt herrührte.[91] Greenfield und Yeager (1983) und Hall (1982b) wollen dieses Problem durch die Auswahl eines geeigneten Güterbündels als Recheneinheit reduzieren. Die noch verbleibenden Preisniveauschwankungen sollen laut Hall (1982b) durch staatliche Interventionen auf dem Markt der Recheneinheit vermieden werden.

Um ihren Gedanken empirische Relevanz zu verleihen, verweisen die Anhänger der NME auf historische Beispiele der Funktionentrennung. In diesem Zusammenhang werden Länder genannt, die eine Trennung der Geldfunktionen vorübergehend verwirklicht hatten. Die Ursache für dieses Verhalten lag in den extrem hohen Inflationsraten dieser Staaten. Um die lähmenden Auswirkungen der Hyperinflation auf ihre Wirtschaftsaktivität zu mildern, wurde beispielsweise in Israel der Dollar zeitweise als Recheneinheit genutzt, während die heimische Währung

---

89 Anders wäre es, wenn die ursprüngliche Geldbasis aus Warengeld bestanden hätte. Dann hätte sie einen Wert an sich gehabt.

90 "If units of this fiat monetary base had been serving as the unit of account then the abandonment requires a change in the unit of account." Wallace (1986), S. 203.

91 Im Gegensatz zum Goldstandard existiert im System der NME kein allgemein akzeptiertes und im Verhältnis zur Recheneinheit staatlich fixiertes Tauschmittel. Die Recheneinheit ist in einem Gut fixiert (z.B. 1 RE = 1 Birne), welches allerdings nicht als Tauschmittel verwendet wird und einen flexiblen Kurs zu anderen Gütern aufweist. Steigt die Nachfrage nach Birnen relativ zum Angebot an Birnen, so fallen die Preise der übrigen Güter und deflationiert die Volkswirtschaft.

Tauschmittel blieb.[92] Als Beweis dafür, daß in den USA eine Form der Funktionentrennung bereits existiert, führen Cowen und Kroszner (1987b) die amerikanische Version der Geldmarktfonds an, auf die Schecks gezogen werden können. Sie bieten den Wirtschaftssubjekten die Möglichkeit, ihre Einkäufe mit verzinslichen Vermögensaktiva zu tätigen. Tauschmittel stellen dabei die Schecks dar, während Recheneinheit weiterhin die jeweilige Währung ist.

Inwiefern das System der NME anderen monetären Ordnungen in bezug auf das Erreichen der Preisniveaustabilität überlegen ist, soll an dieser Stelle nicht diskutiert werden. Hier geht es lediglich um die Beantwortung der Frage, ob durch das Aufkommen und die Verbreitung von Finanzinnovationen die bestehende Geldordnung in ein System der Funktionentrennung transformiert werden könnte. Folgende Argumente sprechen dagegen:

Zunächst einmal ist nicht abzusehen, daß Finanzinnovationen die Nachfrage nach Zentralbankgeld vollständig beseitigen, was eine Voraussetzung für die Entstehung der neuen Geldordnung ist. Die Existenz von Zentralbankgeld in seiner Eigenschaft als Tauschmittel (Bargeld) wird aus mikroökonomischer Sicht vor allem mit den beim Tausch anfallenden Transaktionskosten erklärt. Sie bilden eine Ursache dafür, daß Wirtschaftssubjekte Teile ihres Vermögens in dem unverzinsten Aktivum Geld halten. Diese Rationalität für ein Tauschmittel in einer Volkswirtschaft entfällt, und der Weg wird frei für eine neue Geldordnung, wenn es keine Transaktionskosten mehr gibt. Nun ist es zwar unstreitig, daß Finanzinnovationen die Transaktionskosten vermindern, doch sie reduzieren sie nicht auf Null. Folglich kann als Folge von Finanzinnovationen zwar mit einer sinkenden Nachfrage nach Zentralbankgeld gerechnet werden, nicht aber mit einer Beseitigung der Zentralbankgeldnachfrage.[93]

---

92 Weitere historische Beispiele gibt Eucken (1950).

93 Die Wirkungen einer verminderten Nachfrage nach Zentralbankgeld im bestehenden Monopolwährungssystem werden in Kapitel C.II diskutiert.

Außerdem scheint der Gebrauch einer Geldordnung mit monetärer Funktionentrennung höheren Koordinationskosten zu unterliegen als die Nutzung einer Zentralbankgeldwirtschaft.[94] Durch die Trennung von Tauschmittel und Recheneinheit müssen bei jeder Transaktion zusätzliche Informationen eingeholt und Kalkulationen durchgeführt werden. Zunächst einmal muß festgestellt werden, ob beide Tauschpartner eine zur Durchführung der Transaktion ausreichende Bonität besitzen. Eine derartige Bonitätsprüfung entfällt demgegenüber in einem System mit staatlich garantierter Währung. Außerdem fallen bei monetärer Funktionentrennung zusätzliche Informations- und Kalkulationskosten an, weil das Tauschmittel "einen schwankenden Kurs zur Recheneinheit"[95] hat. Der Kurs einer Aktie, beispielsweise, bestimmt sich dann nicht mehr allein durch die in der Zukunft zu erwartenden Dividendenzahlungen abdiskontiert auf ihren Gegenwartswert. Zudem müssen Informationen über das zukünftige Verhältnis von Tauschmittel und Recheneinheit eingeholt werden. Folglich ist der Gebrauch des Preismechanismus' teurer geworden und die Effizienz des gesamten Systems hat sich ceteris paribus vermindert. Zusätzliche Transaktionskosten entstehen weiterhin bei dem Austausch des Zahlungsmittels, wenn im Gegensatz zur traditionellen Geldwirtschaft auch bei kleinsten Transaktionen Buchungen durch das Bankensystem vorgenommen werden müssen. Zieht man diese zusätzlichen Transaktionskosten ins Kalkül, so erscheint es wenig wahrscheinlich, daß sich im Wettbewerb

---

94 Transaktionskosten stellen dabei die Kosten der Koordination über Märkte dar, während Organisationskosten die Kosten der Koordination in bezug auf Organisationen (Unternehmungen) verkörpern. Zu den Transaktionskosten gehören alle beim Tausch anfallenden Kosten, also Informations-, Kalkulations-, Suchkosten etc. Die Transaktionskosten unterscheiden sich von den Produktionskosten insofern, als letztere auf die gegebene Produktionstechnologie zurückzuführen sind. Sie fallen in jedem ökonomischen System in gleicher Höhe an. Demgegenüber hängen die Transaktionskosten von der speziellen Organisation ökonomischer Aktivität innerhalb einer Volkswirtschaft ab. Vergleiche zu den Definitionen und zu den volkswirtschaftlichen Problemen von Transaktionskosten Bössmann (1982).

95 Eucken (1950), S. 114.

der Systeme eine Ordnung mit monetärer Funktionentrennung aus einem Zentralbankgeldsystem heraus entwickeln wird.[96]

Darüber hinaus stößt die Realisierung einer Geldordnung mit monetärer Funktionentrennung auf institutionelle Hindernisse. Voraussetzung für eine Implementierung der neuen Ordnung wäre nämlich die Beseitigung der gesetzlichen Mindestreserve. Diese Änderung des institutionellen Rahmens kann von Finanzinnovationen nicht geleistet werden. Daher kann das System der NME auch nicht als eine zwangsläufige Folge des Auftretens von Finanzinnovationen gewertet werden. Vielmehr spricht gegen die Transformation des bestehenden monetären Systems in ein solches der Funktionentrennung, daß in einer Welt, in der die Mindestreserveverpflichtungen der Banken die einzige Nachfrage nach Zentralbankgeld darstellen, die Geldpolitik ihre Ziele leichter erreichen kann. Die relativ instabile Nachfrage der Privaten nach Zentralbankgeld entfällt und muß daher weder prognostiziert noch kompensiert werden. Warum sollte die Notenbank in einer Situation, in der ihr das Steuern der Geldbasis endlich leicht gemacht wird, mit der Beseitigung der gesetzlichen Mindestreserve ihr eigenes Ende besiegeln?

Die Diskussion hat dargelegt, daß trotz einer Verbreitung von Finanzinnovationen die bestehende Geldordnung nicht zwangsläufig auf eine Ordnung mit Funktionentrennung zusteuert. Vielmehr scheint seitens der privaten Wirtschaftssubjekte auch trotz Finanzinnovationen eine Nachfrage nach Zentralbankgeld zu bestehen. Außerdem weist das System der NME gegenüber der traditionellen Monopolwährungswirtschaft höhere Transaktionskosten in Form von Kalkulations- und Informationskosten auf. Folglich ist eine Aufspaltung der geldlichen Funktionen auch aus mikroökonomischer Sicht nicht vorteilhaft und

---

96 Wegen der erhöhten Transaktionskosten kommt Fama (1983), S. 12/13, zu dem Schluß: "My hypothesis is that because of the information and computation costs imposed on transactors by interestbearing currencies, any generally accepted currency is non-interestbearing, it is denominated in fixed amounts of an economy's unit of account, and it sells at face value."

deshalb auch nicht zu erwarten, solange relativ stabile monetäre Verhältnisse innerhalb einer Volkswirtschaft herrschen. Finanzinnovationen können zwar eine solche monetäre Funktionentrennung im Einzelfall vornehmen (z.B. bei scheckfähigen Geldmarktfonds), doch begründen sie keine Kausalität dafür, daß die heutige Zentalbankgeldordnug im Verschwinden begriffen ist.

2. Währungswettbewerb

Eine wettbewerbliche Geldordnung, wie sie vor allem von Hayek (1976), (1977) und Vaubel (1976), (1984), (1985) als wünschenswert erachtet wird, ist neben der monetären Funktionentrennung ein anderes Ergebnis, das durch die vollständige Substitution von Außengeld (outside money) durch Innengeld (inside money) zustande kommen kann. Die privaten Geschäftsbanken konkurrieren dann um die Bereitstellung der Depositen, ohne sie bei Bedarf in Zentralbankgeld einzutauschen. Die Qualität des privaten Geldes hängt somit von der Geschäftspolitik der jeweiligen Bank ab. Da die Vertreter der wettbewerblichen Geldordnung eine absolute Präferenz der Wirtschaftssubjekte für wertstabiles Geld unterstellen, sehen sich die Banken gezwungen, diese Wertkonstanz zu erreichen. Anderenfalls werden sie aus dem Markt gedrängt. Finanzinnovationen der Gruppe 3 (Point-of-Sale-Systeme) sollen dabei dafür sorgen, daß "die mit dem Umlauf mehrerer Geldarten verursachten zusätzlichen Informations- und Transaktionskosten vernachlässigt"[97] werden können.

Im Gegensatz zum monetären System mit Funktionentrennung besteht eine detaillierte Kritik in bezug auf die Fähigkeit einer wettbewerblichen Geldordnung, Preisniveaustabilität zu gewährleisten. An dieser Stelle

---

97 Godschalk (1983), S. 297.

sei auf die relevante Literatur[98] verwiesen, da hier lediglich von Interesse ist, ob ein System des Währungswettbewerbs am Ende des finanziellen Innovationsprozesses stehen könnte. Wie bei dem System mit Funktionentrennung, so muß auch hier argumentiert werden, daß es für die Verwirklichung einer wettbewerblichen Geldordnung institutioneller Änderungen bedarf, die von Finanzinnovationen nicht vorgenommen werden können. In diesem Zusammenhang ist vor allem die Abschaffung der gesetzlichen Mindestreserve zu sehen, die nur das Resultat eines politischen Entscheidungsprozesses sein kann. Aber auch erscheint es zweifelhaft, ob Finanzinnovationen die aus einer wettbewerblichen Koordinationsform im Geldwesen resultierenden zusätzlichen Transaktionskosten beseitigen können.

Zusätzliche Transaktionskosten in Form von Kalkulationskosten ergeben sich in einer wettbewerblichen Geldordnung aus den schwankenden Preisen der Tauschmittel (Buchgelder) zueinander. Sie sind um so höher, je größer die Anzahl an Emittenten von Buchgeld ist.

Die Point-of-Sale-Systeme innerhalb der Finanzinnovationen der Gruppe 3 tragen nun dazu bei, daß die Umrechnungen nicht mehr per Hand durchgeführt werden müssen. Dies trifft jedoch nur auf solche Transaktionen zu, die entweder häufig genug anfallen oder groß genug sind, so daß sich die Fixkosten der elektronischen Anlagen lohnen. Bei den übrigen Transaktionen müssen die Wirtschaftssubjekte die erhöhten Kalkulationskosten tragen. Außerdem müssen sie erheblich mehr Zeit aufwenden, um sich über die laufenden Wechselkurse informiert zu halten. Dies ist deshalb notwendig, weil jedes Wirtschaftssubjekt als Anbieter und Nachfrager von Gütern auftritt. Dabei bevorzugt es eine bestimmte Währung, die es dem Wirtschaftssubjekt erleichtert, die Preise in realen Gütereinheiten auszudrücken. Folglich ist das permanente Umrechnen in die bevorzugte Währung eine Voraussetzung für

---

98 Zur Kritik am Währungswettbewerb vergleiche Friedman (1959), Pesek und Saving (1967), Johnson (1968), Timm (1979), Hellwig (1985) sowie Engels (1985).

die Entscheidung, welche Leistungen am Markt angeboten bzw. nachgefragt werden.

Weitere – der wettbewerblichen Geldordnung spezifische – Transaktionskosten fallen bei der Diversifikation der Kassenhaltung an. Bei unvollständiger Information bedeutet die Existenz mehrerer Tauschmittel eine erhöhte Unsicherheit für die Marktteilnehmer. Da die Wirtschaftssubjekte die zukünftigen Preisrelationen nicht vorhersehen können, müssen sie ihren Kassen- bzw. Liquiditätsbestand in verschiedenen Währungen halten. Folglich fallen zusätzliche Transaktionskosten bei der Diversifikation der Liquiditätshaltung an.[99]

Illing (1985) stellt heraus, daß zusätzliche Transaktionskosten auch auf der asymmetrischen Informationsverteilung zwischen Bankmanager und Depositeninhaber über die Nutzenfunktion der Banken beruhen. Weil über die Nutzenfunktion der Banken bei den Kunden keine vollständige Information vorliegt, besteht auch nur eine unvollständige Information über die Qualität des von den Banken ausgegebenen Geldes. Dieses Problem kann laut Klein (1974) seitens der Anbieter durch das Schaffen einer entsprechenden Reputation reduziert werden. Doch entstehen den Banken dabei Kosten für die Aufrechterhaltung ihrer Reputation, die in einer Geldwirtschaft, die nur ein allgemeines, staatliches Tauschmittel kennt und deren monetäre Verhältnisse relativ stabil sind, nicht anfallen. Außerdem besteht für die Banken ein um so größerer Anreiz zum Ausnutzen ihrer Informationsvorteile, je besser ihre Reputation ist. Solange die Täuschung nicht erkannt wird, kann eine größere als die angekündigte Emission privaten Geldes den kurzfristigen Gewinn maximieren.[100] Es reicht daher den Nachfragern nach Depositen nicht aus, sich auf die von den Banken bereitgestellten Informationen zu verlassen. In ihrem Bemühen, eine Überausgabe von Innengeld zu verhindern, sehen sich die Depositeninhaber mit einem

99 Sie resultieren beispielsweise aus dem Halten mehrerer Bankkonten.

100 In einem gewinnlosen Wettbewerbsgleichgewicht der vollständigen Konkurrenz wäre es für die einzelne Bank immer vorteilhaft, durch nicht-antizipierte Überproduktion den kurzfristigen Gewinn zu maximieren. Vgl. Summers (1983).

Agency-Problem konfrontiert.[101] Es kann nur über eine permanente Informationsbeschaffung und -aufbereitung, also mit Informationskosten, gelindert werden. Diese Informationskosten sind in einer Monopolwährungswirtschaft geringer als in einer wettbewerblichen Geldordnung. Denn, wie Brunner und Meltzer (1971) herausgestellt haben, sinken die Kosten der Informationsbeschaffung und -verarbeitung über die Qualität eines Vermögensaktivums innerhalb einer sozialen Gruppe mit zunehmender Häufigkeit seines Gebrauches. Geld weist somit in der Nutzung "economies of scale" auf, was Mundell (1970) als "social economies of scale" bezeichnet hat.[102] Informationskosten innerhalb einer Volkswirtschaft können folglich minimiert werden, wenn nur ein Tauschmittel existiert, dessen gegenwärtiger und zukünftiger Preis im Vergleich zu allen anderen Gütern den Wirtschaftssubjekten am besten bekannt ist.

Neben den zusätzlichen Transaktionskosten entstehen im Vergleich zur Monopolwährungswirtschaft in einer wettbewerblichen Geldordnung auch erhöhte Organisationskosten. In ersterer beschäftigen sich lediglich einige Notenbankpolitiker mit der Geldversorgung der Wirtschaft. In letzterer dagegen muß diese Problematik in jeder Bank bearbeitet werden. Die Geldemissionspolitik stellt eine entscheidende Determinante des betrieblichen Erfolgs einer Bank dar. Daher dürfte auch ein erheblicher Teil an Resourcen zur Optimierung dieses Bankbereiches abgestellt werden.[103]

---

101 Zum Agency Problem vergleiche Fama (1980b) sowie Jensen und Meckling (1976).

102 Auch Vaubel (1984) verneint derartige "economies of scale" im Gebrauch eines Vermögensaktivums nicht. Er argumentiert vor allem gegen das gesetzliche Monopol der Geldproduktion. Wenn nämlich die Monopolwährungswirtschaft einer wettbewerblichen Ordnung so überlegen ist, dann bedarf es keiner regulativen Marktzutrittsbeschränkungen. Vaubel will also die bestehende Geldordnung durch Wettbewerb überprüfen lassen und schließt nicht aus, daß als Ergebnis des wettbewerblichen Prozesses wieder eine Monopolwährungswirtschaft steht.

103 Nach Klein (1974) müßten diese Resourcen mit dem Finden der optimalen Täuschungsrate beschäftigt sein. Bei der optimalen Täuschungsrate gleicht der Grenzgewinn der Überproduktion den Grenzkosten in Form eines geringeren zukünftigen Kundenvertrauens.

Die Argumentation hat gezeigt, daß eine wettbewerbliche Geldordnung höhere Transaktions- und Organisationkosten aufweist als die herkömmliche Monopolwährungswirtschaft. Zwar können Finanzinnovationen die mit dem Umlauf mehrerer Geldarten verbundenen zusätzlichen Kalkulationskosten vermindern. Andere Formen der für die kompetitive Geldordnung spezifischen Transaktionskosten bleiben jedoch von Finanzinnovationen unberührt. Folglich ebnen Finanzinnovationen auch in dieser Hinsicht nicht den Weg zu einer wettbewerblichen Geldordnung.

Zusammenfassend kann festgehalten werden, daß der Prozeß der Finanzinnovation nicht auf eine Beseitigung der heutigen Zentralbankgeldordnung hinausläuft. Zum einen bedarf es zur Abschaffung der Monopolwährungswirtschaft institutioneller Änderungen, die nur das Ergebnis eines politischen Entscheidungsprozesses sein können und durch das Aufkommen von Finanzinnovationen nicht erzwungen werden können. Zum anderen weisen sowohl das System der monetären Funktionentrennung als auch die wettbewerbliche Geldordnung höhere Transaktionskosten auf als die heutige Zentralbankgeldordnung. Diese höheren Transaktionskosten können auch durch Finanzinnovationen nicht beseitigt werden. Daher wären diese monetären Regimes auch aus mikroökonomischen Effizienzüberlegungen nicht erwünscht. Veränderungen in der heutigen Zentralbankgeldordnung sind lediglich insofern zu erwarten, als Finanzinnovationen die Nachfrage nach Bargeld senken.[104] Dennoch ist zu erwarten, daß für die Umsetzung kleiner Transaktionen Bargeld weiterhin genutzt wird.

---

104 Die Wirkung einer reduzierten Bargeldnachfrage in der bestehenden Geldordnung wird in Kapitel C.II.1.3 analysiert.

II. Finanzinnovationen, Geldmenge, Zins und Preisniveau

1. Wirksamkeit des Transmissionsmechanismus

Ein zentrales Thema in der Diskussion um die geldpolitischen Wirkungen von Finanzinnovationen stellt die Wirksamkeit des Transmissionsmechanismus' dar. Vier Themenbereiche werden in diesem Zusammenhang erörtert:

Der erste bezieht sich auf die Frage, inwiefern verzinsliche Sichtguthaben den Transmissionsprozeß berühren. Der zweite untersucht die Folgen einer von Finanzinnovationen induzierten höheren Substituierbarkeit der Finanzaktiva. Der dritte Themenbereich beschäftigt sich mit den Wirkungen einer verminderten Nachfrage nach Zentralbankgeld. Der vierte Bereich setzt sich mit der Frage auseinander, inwiefern Finanzinnovationen zu einer Verringerung der Zinselastizität der Investitionsnachfrage führen.

1.1 Zinszahlungen auf Transaktionskonten

1.1.1 Explizite versus implizite Zinszahlungen

Bei der geldpolitischen Analyse der Einführung verzinslicher Transaktionskonten[105] in eine Volkswirtschaft muß zunächst gefragt werden, inwiefern implizite Zinszahlungen die Untersuchung berühren. Implizite Zinszahlungen stellen die Subventionierung von Bankleistungen durch die Bank selbst dar. Der Bankkunde erhält Leistungen zu einem Preis, der unterhalb ihrer Grenzkosten liegt. Der dem Kunden dadurch entstandene Einkommenszuwachs kann als Substitut zu expliziten Zinszahlungen auf Transaktionskonten gewertet werden. Er wird um so

105 Im folgenden werden die Begriffe Transaktionskonten, Sichtguthaben, Depositen und Girokonten als Synonyme verwendet.

größer sein, je intensiver der "non-price"-Wettbewerb im Bankensektor ist.

Der Abbau der freiwilligen oder gesetzlichen Beschränkungen in bezug auf die expliziten Zinszahlungen würde das Zinseinkommen der Besitzer von Transaktionskonten nicht erhöhen und somit auch keine Portfolioentscheidung nach sich ziehen, wenn der Wettbewerb im Finanzsektor zu einer vollständigen Kompensation der unterlassenen expliziten Zinszahlungen durch implizite Leistungen geführt hätte (effektive Depositenrate bleibt konstant). Voraussetzung dafür wäre die Möglichkeit einer effizienten Produktion der impliziten Leistungen ohne quantitative Beschränkung. Außerdem müßten die impliziten in derselben Weise wie die expliziten Zinszahlungen bewertet werden. Tatsächlich käme es bei Vorliegen dieser Voraussetzungen nicht zu expliziten Zinszahlungen. Die Bankkunden zögen die impliziten Zahlungen den expliziten vor, da erstere keiner Einkommenssteuer unterliegen. Ist demgegenüber eine dieser Voraussetzungen nicht erfüllt, führt die Einführung verzinslicher Transaktionskonten zu einem Anstieg der effektiven Depositenrate.[106]

In der Literatur herrscht Einigkeit über die Existenz von impliziten Zinszahlungen in den USA bis zum Zeitpunkt der Abschaffung der Zinsobergrenzen im Jahre 1986. Den Fall einer vollständigen Kompensation nicht gezahlter expliziter Zinsen auf Transaktionskonten durch implizite Leistungen nehmen Benston (1964), Klein (1974a) und Rush (1980) an. Friedman (1970) hält die Zinsobergrenzen für nur wenig effektiv. Barro und Santomero (1972) und Startz (1979) hingegen liefern empirische Daten, die zwar die Existenz impliziter Zinszahlungen stützen. Ihren Untersuchungen zufolge belaufen sich jedoch die impliziten Zahlungen auf einen erheblich geringeren Betrag als den, der unter Wettbewerbsbedingungen explizit gezahlt worden wäre.

---

106 Startz (1983) untersucht den Fall, bei dem die Kosten der Banken bei der Produktion der impliziten Leistungen sich unterscheiden von den Erträgen, die die Haushalte aus ihnen erhalten.

Die Situation der Bundesrepublik Deutschland unterscheidet sich von der der Vereinigten Staaten von Amerika insofern, als in der Bundesrepublik seit 1967 keine gesetzlichen Zinsobergrenzen existieren. Das Fehlen von marktmäßigen Zinszahlungen auf Girokonten resultiert aus dem wettbewerbsbeschränkenden Verhalten der Kreditinstitute. Die langsame, aber stetige Einführung verzinslicher Transaktionskonten am deutschen Markt durch ausländische Banken muß daher als ein Ergebnis steigender Wettbewerbsintensität innerhalb des Finanzsektors betrachtet werden. Folglich werden in der Bundesrepublik Deutschland die expliziten Zinszahlungen eindeutig über den in der Vergangenheit gezahlten impliziten Leistungen liegen. Die Einführung verzinslicher Transaktionskonten als Resultat einer gestiegenen Wettbewerbsintensität besitzt daher größere Wirkung auf die effektive Depositenrate in Deutschland als die Abschaffung der Zinsobergrenzen in den USA, die die Wettbewerbsintensität nicht berührt hatte.

Die effektive Depositenrate r_D muß also als Summe der implizit und explizit geleisteten Zinszahlungen aufgefaßt werden. Gleichung (1) stellt r_D dar als eine Funktion der Zinsrate für langfristige Wertpapiere r_B, der durch wettbewerbsbeschränkendes Verhalten der Banken induzierten Zinsobergrenzen r_0, des effektiven Reservehaltungskoeffizienten auf Depositen k, der auf die bei der Zentralbank unterhaltenen Mindestreserven gezahlten Zinsen r_R sowie von Ω. Die Variable Ω mißt die Effektivität der Zinsobergrenzen r_0. Ihr Wert bewegt sich zwischen 0 und 1. Ist Ω 0, sind die Zinsobergrenzen nicht effektiv. Sie werden durch implizite Zinszahlungen vollständig umgangen. Beträgt Ω dagegen 1, halten sich alle Banken an die getroffenen Absprachen. Die Zinsobergrenzen sind völlig effektiv. Es werden keine impliziten Zinszahlungen an die Bankkunden geleistet.

$$(1) \qquad r_D = f(\overset{+}{r_B}, \overset{+}{r_0}, \overset{+}{r_R}, \overset{-}{k}, \overset{-}{\Omega})$$

Die Zinsrate für langfristige Wertpapiere r_B, die explizit gezahlte Depositenrate r_0 und die etwaige Verzinsung der Mindestreserven beeinflussen die Höhe von r_D positiv. Ein Anstieg in der Reservehaltung k und in Ω dagegen verringert jeweils die effektive Höhe des Depositenzinssatzes.

Gleichung (2) betrachtet die Reservehaltung der Banken k als abhängig von der Höhe der gesetzlichen Mindestreserve k_0, dem Zinssatz auf die Mindestreserven r_R und dem allgemeinen Zinsniveau r_B.[107] Wärend ein Anstieg in den beiden ersten Variablen auch zu einem Anstieg von k führt, erhöht ein Anstieg von r_B die Opportunitätskosten der Reservehaltung und verringert k.

$$(2) \quad k = g(\overset{-}{r_B}, \overset{+}{k_0}, \overset{+}{r_R})$$

Gleichung (3), die auf Santomero und Siegel (1986) zurückgeht, faßt Gleichung (1) und (2) zusammen. Sie stellt die Banken als Finanzintermediär dar, die Geld zum Zinssatz von r_D aufnehmen und es zum Zinssatz von r_B ausleihen. Die Differenz zwischen beiden Zinssätzen ergibt sich aus der Sicht der Banken durch die Grenzkosten $\varnothing$ der Produktion von Depositen, dem Reservekoeffizienten k, der Höhe der gesetzlichen Mindestreserve k_0 und des auf diese von der Zentralbank gezahlten Zinssatzes r_R. Sie wird außerdem bestimmt durch die Höhe der auf Depositen zu leistenden Zinsobergrenze (Zinsabsprachen) r_0 und der Effektivität dieser Zinsobergrenze (Zinsabsprachen) Ω. Aus Sicht der Depositenhalter stellt die Differenz zwischen r_D und r_B die marginalen Opportunitätskosten der Kassenhaltung dar, die im Gleichgewicht dem nicht-pekuniären Ertrag einer Geldeinheit entsprechen.

$$(3) \quad r_D = (1-\Omega)[(1-k)r_B + k_0 r_R - \varnothing] + \Omega r_0$$

In dem Fall, in dem die unter den Banken vereinbarten Zinsobergrenzen vollständig durch das Zahlen impliziter Zinsen umgangen werden, ist Ω gleich 0. Die Depositenrate gleicht dann dem in Klammern ste-

---

107 Gleichung (2) findet sich häufig in mikroökonomischen Modellen des Bankenverhaltens. Vgl. z.B. Santomero (1984) und Baltensperger (1980).

henden Term auf der rechten Seite von Gleichung (3). Im anderen Extremfall, bei dem keine impliziten Zinsen gezahlt werden, ist Ω gleich 1. Die effektive Depositenrate r_D entspricht dann der Zinsobergrenze r_0.

Die Ableitung von Gleichung (3) nach r_B ergibt Gleichung (4).

$$(4) \quad dr_D/dr_B = (1-\Omega)[-\delta k/\delta r_B \bullet r_B + (1-k) + k_0 dr_R/dr_B]$$

Sie zeigt, daß als ein bedeutender Effekt des gestiegenen Wettbewerbs im Bankensektor die zunehmende Zinssensibilität von r_D gewertet werden kann.[108] Je kleiner Ω, also je ineffektiver die Absprachen der Banken zur Fixierung von r_D sind, desto flexibler reagiert r_D auf Änderungen von r_B. Der Fall $dr_D/dr_B = 0$ entspricht dem Fall $\Omega = 1$, da $\delta k/\delta r_B < 0$ und $\delta r_R/\delta r_B \geq 0$, und der Fall $dr_D/dr_B = 1$ entsteht, wenn keine effektiven Zinsobergrenzen und Reserven existieren.

Die Überlegungen zu den expliziten und impliziten Zinszahlungen lassen also zwei Schlußfolgerungen zu: Erstens führt die Einführung von verzinslichen Transaktionskonten zu einem Anstieg der effektiven Depositenrate; zweitens führt die Einführung von verzinslichen Transaktionskonten zu einer flexiblen Bindung des Depositenzinssatzes an das Marktzinsniveau.

1.1.2 Erhöhte Depositenrate

Im folgenden soll gezeigt werden, welche geldpolitischen Konsequenzen eine erhöhte Depositenrate hervorruft. Die Analyse findet im Rahmen eines allgemeinen Gleichgewichtsmodells statt, wie es von Brunner und Meltzer (1964), (1972) und von Tobin (1969) entwickelt wurde.

---

108 Der Gedanke, daß in einer profitmaximierenden Bank die auf Depositen angebotene Ertragsrate r_D eine Funktion der Investitionsmöglichkeiten r_B ist, geht auf Weber (1966), Meyer (1967) und Goldfeld und Jaffee (1970) zurück.

Insbesondere lehnt sich das Modell an Santomero und Siegel (1981), (1986) und Herz (1988) an.

Die Volkswirtschaft des Modells besteht aus drei Sektoren: den privaten Nichtbanken (n), den Finanzintermediären (b) und dem Staat (g). Es gibt vier Vermögensaktiva: Bargeld (C), staatliche Wertpapiere (B), Sichteinlagen bei den Finanzintermediären (D) und Realkapital (K). Die Nachfrage nach Vermögensaktiva von Nichtbanken und Banken ist durch die jeweilige Budgetrestriktion der beiden Sektoren beschränkt. Die Nichtbanken werden in ihren Portefeuille-Dispositionen durch ihr reales Nettovermögen (W) begrenzt.

(5a) $W = C^d{}_n + D^d{}_n + B^d{}_n + K^d{}_n$

Die Gleichgewichtsbedingungen des Modells führen zu Gleichung (5b).

(5b) $W = qK + C^s/P + B^s/P$

Die Indices s und d kennzeichnen Angebots- bzw. Nachfragegrößen. P ist der Preis der zu ihren Reproduktionskosten bewerteten Kapitalgüter. Das Tobinsche q mißt das Verhältnis zwischen dem Marktwert V eines homogenen Kapitalgutes und seinen Reproduktionskosten P. Ist der Marktwert größer als die für die Reproduktion der Güter aufzuwendenen Kosten ($q > 1$), lohnt es zu investieren.

(6a) $q = V/P$

Eine andere Möglichkeit, q zu formulieren, stellt Gleichung (6b) dar. Sie drückt q aus als das Verhältnis von Grenzleistungsfähigkeit des Kapitals R und Ertragsrate des Kapitals r_K.[109] Wenn q größer ist als 1, ist

---

109 Die Grenzleistungsfähigkeit des Kapitals R stellt das Verhältnis aus Nettoeinnahmen Y_K zu den Reproduktionskosten P dar. Die Ertragsrate des Kapitals r_K ergibt sich aus dem Verhältnis der Nettoeinnahmen Y_K aus Kapital und dem Marktwert V des vorhandenen Kapitals. Unter Berücksichtigung dieser Zusammenhänge gelangt man durch Umformungen von Gleichung (6a) nach (6b).

die Rendite der Investition höher als die zu zahlenden Kapitalkosten, und die Investitionstätigkeit wird angeregt. Für die Wirksamkeit der Geldpolitik ist somit entscheidend, ob ihre Aktionsparameter die Größe q erreichen.

(6b) $q = R/r_K$

Unter der Annahme, daß der Finanzsektor kein Realkapital hält, summiert sich sein Vermögen zu 0 auf. Die von den Banken angebotenen Depositen übersteigen daher nicht den Wert des von ihnen gehaltenen Bargeldes und ihrer Staatsschuldtitel.

(7) $C^d{}_b + B^d{}_b = D^s{}_b$

Mit diesen Bedingungen weist das Modell folgende vier Gleichgewichtsbedingungen auf mit den unabhängigen Gleichungen (8), (9) und (10), den endogenen Variablen r_B, r_D und r_K und den exogenen Variablen P, C^s, B^s, R, Y und K^s. Die Ertragsraten r_D, r_B und r_K stellen die realen Ertragsraten für Depositen, staatliche Wertpapiere und Realkapital dar.

(8) $C^d{}_n(\overset{-}{r_D},\overset{-}{r_B},\overset{-}{r_K},\overset{+}{Y},\overset{+}{W}) + C^d{}_b(\overset{-}{r_D},\overset{-}{r_B}) = C^s/P$

(9) $D^d{}_n(\overset{+}{r_D},\overset{-}{r_B},\overset{-}{r_K},\overset{+}{Y},\overset{+}{W}) = D^s{}_b(\overset{-}{r_D},\overset{+}{r_B})$

(10) $B^d{}_n(\overset{-}{r_D},\overset{+}{r_B},\overset{-}{r_K},\overset{-}{Y},\overset{+}{W}) + B^d{}_b(\overset{-}{r_D},\overset{+}{r_B}) = B^s/P$

(11) $K^d{}_n(\overset{-}{r_D},\overset{-}{r_B},\overset{+}{r_K},\overset{+}{W}) = qK^s$

Die Nachfrage der Wirtschaftssubjekte nach den Vermögensaktiva ist gekennzeichnet durch "gross substitutability". Dies bedeutet, daß die Vermögensaktiva zwar keine perfekten, aber dennoch Substitute zueinander darstellen. Mit anderen Worten, die Substitutionseffekte dominieren die Vermögenseffekte. Als Folge davon sind die Ableitungen der Nachfragefunktionen nach den Eigenraten positiv, während die Kreuzableitungen negativ sind. Außerdem folgt daraus, daß eine partielle Ableitung nach der Eigenrate einen absolut größeren Wert hat als eine Kreuzableitung. Im einzelnen zeigen die Vorzeichen über den Variablen die Reaktion der Nachfragefunktionen auf Änderungen in diesen Variablen an. Erklärungsbedürftig erscheinen lediglich die Vorzeichen der Y-Terme. Sie resultieren daher, weil die Transaktionskasse, die sich aus Bargeld (C) und Einlagen (D) zusammensetzt, bei wachsendem Volkseinkommen unterproportional zunimmt und zu Lasten der Staatsschuldtitel aufgebaut wird.[110]

Durch die Einführung weiterer Annahmen kann das Gleichungssystem vereinfacht werden. Das in einer Volkswirtschaft vorhandene Zentralbankgeld (H) sei definiert als die Summe aus Bargeld der Nichtbanken ($C^d{}_n$) und den auf die Depositen gehaltenen Reserven der Banken ($k \cdot D$).

(12) $H = C^d{}_n + kD$

Die Nachfrage der Banken nach Zentralbankgeld wird also allein durch ihre Nachfrage nach Reserven bestimmt ($C^d{}_b = k \cdot D^s{}_b$). Diese hängt ab von den Opportunitätskosten der Reservehaltung r_B, den gesetzlichen Mindestreserven k_0 und einer etwaigen Verzinsung der Reserven r_r, wie bereits in Gleichung (2) beschrieben. Außerdem sei unterstellt, daß das Angebot der Banken an Sichtguthaben $D^s{}_b$ zum Zinssatz r_D vollkommen elastisch ist. Unter dieser Annahme wird r_D dann zu einer exogenen Variablen des Modells. Das Angebot an Sichtguthaben ist dann vollkommen elastisch, wenn die Produktion von Depositen konstante Skalenerträge aufweist. Mit anderen Worten, in Gleichung (3) sind die Grenzkosten der Produktion von Depositen $\varnothing$ konstant. Unter Berücksichtigung der Annahme, daß die Banken kein Realkapital hal-

110 Es gilt also:

$$\frac{\delta C_n^d}{\delta Y} + \frac{\delta D_n^d}{\delta Y} = - \frac{\delta B_n^d}{\delta Y}$$

ten, läßt sich das System zu drei Gleichungen zusammenfassen mit den unabhängigen Gleichungen 13 und 14, den endogenen Variablen r_B und r_K und den exogenen Variablen r_D, k_0, Y, r_R, H^s, B^S, R und K^S.

$$(13)\quad C^d{}_n(r_D,r_B,r_K,Y,W) + k(r_B, k_0, r_R) * D^d{}_n(r_D,r_B,r_K,Y,W) = H^s/P$$

$$(14)\quad B^d{}_n(r_D,r_B,r_K,Y,W) + (1-k\,(r_B, k_0, r_R)) * D^d{}_n(r_D,r_B,r_K,Y,W) = B^s/P$$

$$(15)\quad K^d{}_n(r_D,r_B,r_K,W) = qK^s$$

Nach totaler Differentiation des Gleichungssystems ergeben sich folgende Resultate für die Wirksamkeit der Geldpolitik:[111]

Laut Gleichung (16) hat der Anstieg von r_D, der ein Ergebnis des verschärften Wettbewerbs im Bankensektor ist, eine Senkung von r_K zur Folge und wirkt somit expansiv.

$$(16)\quad dr_K/dr_D = [-H_{rB}\,B_{rD} + B_{rB}\,H_{rD}]/[H_{rB}\,B_{rK} - B_{rB}\,H_{rK}] < 0$$

Der Nenner in Gleichung (16) ist positiv, weil $H_{rB} < 0$, $B_{rK} < 0$, $B_{rB} > 0$ und $H_{rK} < 0$ gilt.[112] Nicht sofort einsichtig ist die der Interpretation von Gleichung (16) zugrundeliegende Gültigkeit von $H_{rD}<0$. Die Linearisierung des Gleichungssystems (siehe Anhang) liefert:

$$Hr_D = \delta C^d{}_n/\delta r_D + k\;\delta D^d{}_n/\delta r_D$$

Die Vermutung $Hr_D < 0$ unterstellt, daß ein Anstieg in r_D zwar über die gestiegende Depositennachfrage zu einer erhöhten Nachfrage der Banken nach Mindestreserven führt, diese Zunahme in der Mindestre-

111 Vgl. Anhang.

112 H stellt dabei Gleichung (12) zufolge die Nachfrage der Banken und Nichtbanken nach Zentralbankgeld dar.

serve jedoch geringer ausfällt als die Verringerung der Bargeldnachfrage der Nichtbanken.

Das Ergebnis von Gleichung 16 stellt sich dann eindeutig ein, wenn $Br_D \leq 0$. Ist $Br_D > 0$, so setzt die Schlußfolgerung $dr_K/dr_D < 0$ die Gültigkeit von $|H_{rB}\, B_{rD}|<|B_{rB}\, H_{rD}|$ voraus. Es genügt daher zu zeigen, daß gilt: $|H_{rB}|< |B_{rB}|$ und $|B_{rD}| < |H_{rD}|$.

Die Linearisierung des Gleichungssystems (siehe Anhang) liefert:

$$|H_{rB}|< |B_{rB}| = | \delta C^d_n/\delta r_B + \delta k/\delta r_B\, D^d_n + k\, \delta D^d_n/\delta r_B | <$$
$$| \delta B^d_n/\delta r_B - \delta k/\delta r_B\, D^d_n + (1-k)\, \delta D^d_n/\delta r_B |$$

$|\delta C^d_n/\delta r_B + \delta k/\delta r_B\, D^d_n|$ ist wegen der Annahme der groben Substituierbarkeit der Vermögensaktiva zueinander, nach der ein Eigeneffekt stärker ist als ein Kreuzeffekt, eindeutig kleiner als $|\delta B^d_n/\delta r_B - \delta k/\delta r_B\, D^d_n|$. Zwar ist $|k\, \delta D^d_n/\delta r_B|$ kleiner als $|(1-k)\, \delta D^d_n/\delta r_B|$; doch tendiert wegen Gleichung (3) die Zinselastizität der Nachfrage nach Depositen gegen Null.[113] Zinsänderungen in r_B führen zu gleichgerichteten Änderungen in r_D und lassen so die Nachfrage nach Depositen nahezu unberührt. Folglich gilt $|H_{rB}|<|B_{rB}|$. Der Interpretation $|B_{rD}| < |H_{rD}|$ liegt die intuitiv einsichtige Erklärung zugrunde, daß Zentralbankgeld und Depositen engere Substitute zueinander darstellen als Bonds und Depositen.

Die autonome Erhöhung von r_D bewirkt also, daß die Wirtschaftssubjekte einen relativ größeren Anteil ihres Vermögens in Form von Depositen halten wollen und zu diesem Zweck die Nachfrage nach anderen Vermögensaktiva vermindern. Dabei versuchen sie ihre Nachfrage nach Zentralbankgeld bzw. ihren Zentralbankgeldbestand abzubauen, was ihnen makroökonomisch nicht gelingen kann. Folglich sinken die Zinssätze, einschließlich der Ertragsrate auf Realkapital, und über die

113 Siehe das Kapitel "Flexible Depositenrate", insbesondere Abbildung 6.

gesunkenen Opportunitätskosten der Kassenhaltung passen sich tätsächliche und gewünschte Realkasse einander an. Die Senkung von r_K erhöht q, und die Investitionstätigkeit wird angeregt.

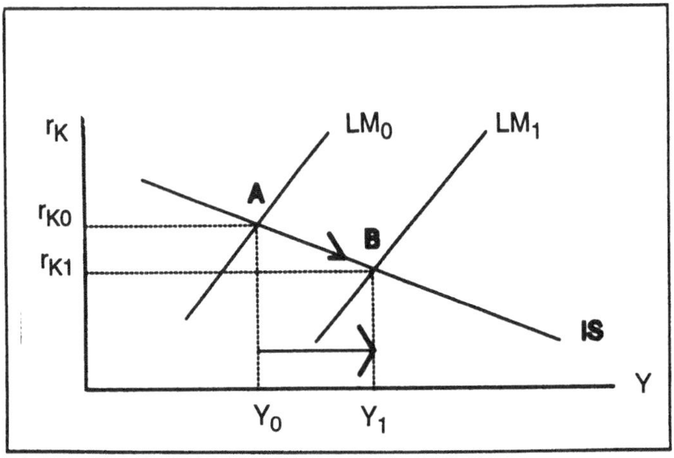

Abbildung 5: Die Wirkungen einer erhöhten effektiven Depositenrate im IS-LM-Schema

In Abbildung 5 werden diese Zusammenhänge zwecks Veranschaulichung in ein IS-LM-Schema übertragen. Während in den IS-LM-Modellen die Ordinate üblicherweise einen Finanzmarktzinssatz repräsentiert, ist hier die Ertragsrate für Realkapital r_K abgetragen. Dies ist konsistent mit dem oben erörterten Portfoliomodell, in dem die Transmission über q abläuft. Steigt r_K, sinkt q und umgekehrt. Problematisch ist diese Darstellung allerdings deswegen, weil sie suggeriert, daß die Geldnachfrage nur von r_K abhängt. Tatsächlich ist sie aber eine Funktion der kurz- (r_D) und langfristigen Ertragsraten (r_B, r_K).

Die autonome Erhöhung von r_D führt zu dem Wunsch der Wirtschaftssubjekte, ihre Nachfrage nach Zentralbankgeld zu verringern. Bei gegebenem Zentralbankgeldangebot kommt es zu einem Angebotsüberhang auf dem Geldmarkt. Dieser Angebotsüberhang verschiebt die LM-Kurve nach rechts, von A nach B. Im neuen, "kurzfristigen" Gleichgewicht B ist die Ertragsrate auf Realkapital von r_{K0} auf r_{K1} gefallen und das Volkseinkommen von Y_0 auf Y_1 gestiegen.

Die theoretische Reaktion der Notenbank auf diesen Geldangebotsüberhang ist einfach. Sie wird monetär gegensteuern und das Geldangebot reduzieren. In der Praxis ist die Antwort der Geldbehörde allerdings mit Schwierigkeiten versehen. Um selbsterzeugte konjunkturelle Instabilitäten zu vermeiden, muß die Notenbank das Ausmaß des Geldnachfragerückgangs genau antizipieren. Dies dürfte ihr nur schwer gelingen.

1.1.3 Flexible Depositenrate

Die Wirkungen einer marktmäßigen Verzinsung der Depositen auf den geldpolitischen Transmissionsprozeß resultieren aus den veränderten Zinselastizitäten der Nachfrage nach Bargeld und Sichtguthaben. Im folgenden sei zunächst die Bedeutung dieser Elastizitäten für die Wirksamkeit der Geldpolitik anhand des Portfoliomodells am Beispiel einer autonomen Geldmengenerhöhung (Helikopterfall) dargestellt. Im Anschluß daran wird gezeigt, wie eine variable Verzinsung von Sichtguthaben die Zinselastizität der Nachfrage nach Bargeld und Sichtguthaben beeinflußt.

Gleichung (17) zeigt den üblichen Effekt, der von einer autonomen Erhöhung der Zentralbankgeldmenge ausgeht. Das zusätzliche Geldangebot erhöht die Nachfrage nach festverzinslichen Wertpapieren und senkt so den Zinssatz r_B.

(17) $dr_B/dH^s = [-H_H\, B_{rK} + B_H\, H_{rK}]/[H_{rB}\, B_{rK} - B_{rB}\, H_{rK}] < 0$

Der Nenner in Gleichung (17) ist eindeutig positiv. Bei der Bewertung des Zählers ist nicht unmittelbar einsichtig, daß gilt $H_H = (\delta C^d{}_n/\delta W + k\, \delta D^d{}_n/\delta W)\, 1/P - 1/P < 0$ (siehe Anhang). Es gilt aber $W = C^d{}_n + D^d{}_n + B^d{}_n + K^d{}_n$ mit $\delta K^d{}_n/\delta W > 0$ und $\delta B^d{}_n/\delta W > 0$, so daß mit $0 < k < 1$ folgt: $0 < \delta C^d{}_n/\delta W + k\, \delta D^d{}_n/\delta W < 1$. Damit ist der gesamte Ausdruck H_H kleiner als 0. Mit anderen Worten, $0 < \delta C^d{}_n/\delta W + k\, \delta D^d{}_n/\delta W < 1$ gilt, weil eine Vermögensänderung nicht nur die Nachfrage nach Zentralbankgeld und Depositen steigert, sondern auch jene nach Staatsschuldtiteln und Realkapital.

Als Folge der Minderung von r_B steigt der Gegenwartswert der zukünftigen Gewinne der Unternehmen, da diese nun mit einem geringeren Zinssatz abdiskontiert werden. Dadurch steigt die Nachfrage nach Realkapital bzw. Aktien, und die Ertragsrate r_K fällt (Gleichung 18). Wenn r_K fällt, steigt q, und die Investitionstätigkeit wird angeregt.

(18) $dr_K/dH^s = [-H_{rB}\, B_H + B_{rB}\, H_H]/[H_{rB}\, B_{rK} - B_{rB}\, H_{rK}] < 0$

$|H_{rB}\, B_H| < |B_{rB}\, H_H|$ ist Voraussetzung für die Gültigkeit von Ungleichung (18). Folglich genügt es zu zeigen:
$|B_H| < |H_H|$ und $|H_{rB}| < |B_{rB}|$.

Es ist $B_H > 0$ und $H_H < 0$, also gilt $|B_H| = B_H$ und $|H_H| = -H_H$. Die Gültigkeit von $|B_H| < |H_H|$ kann demnach durch die Gültigkeit von $B_H + H_H < 0$ demonstriert werden. Die Linearisierung liefert (siehe Anhang):

$B_H = (\delta B^d{}_n/\delta W + (1-k)\, \delta D^d{}_n/\delta W)\, 1/P$ und
$H_H = (\delta C^d{}_n/\delta W + k\, \delta D^d{}_n/\delta W)\, 1/P - 1/P$

Folglich ist:

$$B_H + H_H = (\delta B^d{}_n/\delta W + \delta D^d{}_n/\delta W + \delta C^d{}_n/\delta W)\, 1/P - 1/P$$

$B_H + H_H < 0$ ist also dann erfüllt, wenn $\delta B^d_n/\delta W + \delta D^d_n/\delta W + \delta C^d_n/\delta W < 1$. Dies aber folgt unmittelbar aus $W = C^d_n + D^d_n + B^d_n + K^d_n$ und $\delta K^d_n/\delta W > 0$. Eine Steigerung des Vermögens führt ja nicht nur zu einer erhöhten Nachfrage nach Bonds, Depositen und Bargeld, sondern auch zu einer vermehrten Nachfrage nach Realkapital.

Die Gültigkeit von $|H_{rB}| < |B_{rB}|$ ist bereits dargelegt worden.[114] Folglich ist die Gültigkeit von Ungleichung (18) gezeigt worden.

$$|H_{rB}| - |B_{rB}| = |\ \delta C^d_n/\delta r_B + \delta k/\delta r_B\ D^d_n + k\ \delta D^d_n/\delta r_B\ | - |\ \delta B^d_n/\delta r_B - \delta k/\delta r_B\ D^d_n + (1-k)\ \delta D^d_n/\delta r_B\ |$$

An dieser Stelle sei darauf verwiesen, daß $|H_{rB}| - |B_{rB}|$ um so größer wird, je zinssensibler die Nachfrage nach Staatsschuldtiteln ($\delta B^d_n/\delta r_B$) und je unelastischer die Nachfrage nach Depositen ($\delta D^d_n/\delta r_B$) und Bargeld ($\delta C^d_n/\delta r_B$) auf Zinsänderungen reagiert. Da diese Änderungen die Differenz von $|B_H| - |H_H|$ unberührt lassen, wird die Differenz $|H_{rB}\ B_H| - |B_{rB}\ H_H|$ größer und somit der Zähler von Ungleichung (18) negativer. Außerdem verkleinern diese Änderungen den Nenner von Ungleichung (18), so daß der Effekt von H^S auf r_K (dr_K/dH^S) - und somit auch auf q - stärker wird. Es kann daher gefolgert werden, daß ein monetärer Impuls einen um so stärkeren Effekt auf den güterwirtschaftlichen Bereich einer Volkswirtschaft ausübt, je zinssensibler die Nachfrage nach Staatsschuldtiteln und je unelastischer die Nachfrage nach Depositen und Bargeld auf Zinsänderungen reagieren. Im folgenden soll nun dargelegt werden, welchen Einfluß die Bindung des Depositenzinssatzes r_D an Schwankungen des langfristigen Zinssatzes r_B auf die Zinselastizität der Nachfrage nach Bargeld und Depositen hat.[115] Dabei wird zu den logarithmierten Funktionen übergegangen, um eine einfachere Darstellung der Effekte in den Abbildungen zu ermöglichen.

---

114 Vgl. voriges Kapitel.

115 Vgl. Gleichung (4).

Gleichung (19) und (20) zeigen die Nachfrageelastizitäten von Bargeld und Depositen in bezug auf den Zinssatz für langfristige Wertpapiere.[116]

(19) $dc^d/dr_B = \delta c^d/\delta r_B + \delta c^d/\delta r_D \; dr_D/dr_B$

(20) $dd^d/dr_B = \delta d^d/\delta r_B + \delta d^d/\delta r_D \; dr_D/dr_B$

Wegen der Annahme der groben Substituierbarkeit der Aktiva untereinander ist $\delta C^d/\delta r_B < 0$, $\delta C^d/\delta r_D < 0$ und somit sind auch $\delta c^d/\delta r_B = \delta c^d/\delta r_B \bullet 1/C$ und $\delta c^d/\delta r_D = \delta C^d/\delta r_D \bullet 1/C$ negativ. Der Wert von dr_D/dr_B bewegt sich zwischen 0 und 1. Werden die Absprachen der Banken in bezug auf die Zinsobergrenzen für Depositen vollständig eingehalten, ist dr_D/dr_B gleich 0. Folglich ist dc^d/dr_B um so negativer, die Nachfrage nach Bargeld also um so zinselastischer, je intensiver der Wettbewerb im Finanzsektor ist und als Folge davon je flexibler r_D auf Änderungen von r_B reagiert. Dies kommt in Abbildung 6 in dem fallenden Verlauf der Zinselastizitätskurve für Bargeld (dc^d/dr_B) zum Ausdruck. In Abbildung 6 ist auf der Ordinate die Zinselastizität der Nachfrage nach den einzelnen Vermögensaktiva (Er_B) und auf der Abzisse die Effektivität der Absprachen (dr_D/dr_B) abgetragen.

Während die Zinselastizität der Nachfrage nach Bargeld in jedem Fall negativ ist, ist die Zinselastizität der Nachfrage nach Sichtguthaben nur eindeutig negativ, wenn der Zinssatz auf Depositen fixiert ($dr_D/dr_B = 0$) ist. Gilt $dr_D/dr_B = 1$, so ist die Zinselastizität der Depositennachfrage positiv. Denn wegen der Annahme der groben Substituierbarkeit muß der Eigeneffekt den Kreuzeffekt überwiegen und demnach gilt $|\delta d^d/\delta r_D| = |\delta D^d/\delta r_D \bullet 1/D| > |\delta D^d/\delta r_B \bullet 1/D| = |\delta d^d/\delta r_B|$. Somit erklärt sich der steigende Verlauf der Elastizitätskurve für Sichtguthaben (dd^d/dr_B) in Abbildung 6. Auffallend ist, daß es innerhalb des Bereiches, in dem gilt $0 < dr_D/dr_B < 1$, einen Punkt gibt (Punkt A in Abbildung 6), bei dem die Nachfrage nach Sichtguthaben von Änderungen des langfristigen Zin-

---

116 Die kleine Schreibweise c und d signalisiert die Verwendung des Logarithmus'. Es gilt also: $c^d=\log(C^d)$ und $d^d=\log(D^d)$.

ses unberührt bleibt. Daß die Nachfrage nach Bargeld in der Ausgangssituation ($dr_D/dr_B = 0$) weniger elastisch auf Zinsänderungen reagiert als die Nachfrage nach Sichtguthaben und sich beide Kurven im Bereich $0 < dr_D/dr_B < 1$ daher schneiden, läßt sich empirisch verifizieren. Für die Bundesrepublik Deutschland hat dies Schneider (1987) getan.

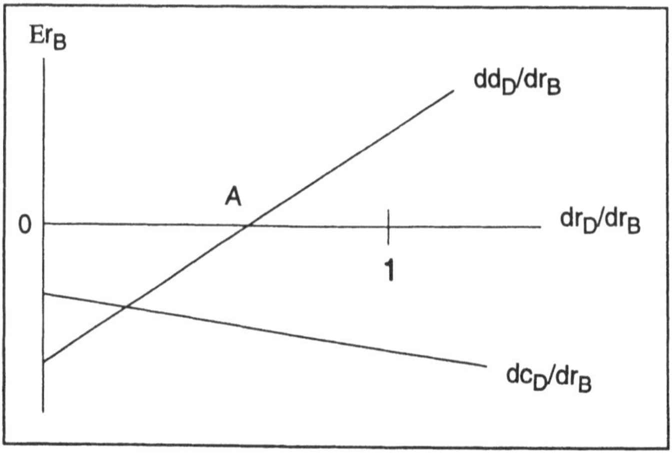

Abbildung 6: Zinselastizität (Er_B) von Bargeld (c^d) und Sichtguthaben (d^d)

Abbildung 6 zeigt also, daß mit zunehmender Flexibilisierung von r_D die Zinselastizität der Nachfrage nach Depositen gegen Null tendiert,[117] während die Zinselastizität der Nachfrage nach Bargeld steigt. Wenn der Depositenzinssatz alle Schwankungen des Alternativzinssatzes mitmacht, haben die Wirtschaftssubjekte wenig Anreiz, ihre Portefeuilles in Folge von Zinsänderungen umzustrukturieren. Demgegenüber steigen bei einer flexiblen Verzinsung von Sichtguthaben wegen der hohen Substituierbarkeit von Bargeld und Sichtguthaben die Op-

117 Dieses Ergebnis war im vorigen Kapitel ja schon vorweggenommen.

portunitätskosten der Bargeldhaltung. Die Nachfrage nach Bargeld reagiert daher sensibler auf Zinsänderungen.

Addiert man die Zinselastizitäten der Nachfrage nach Bargeld und Depositen zur Zinselastizität der Nachfrage nach M1 (M1=C+D), so kann die Wirkung eines flexiblen r_D auf die Zinselastizität der Nachfrage nach M1 dargelegt werden. Die Veränderung in der Nachfrage des Logarithmus' der realen Geldmenge $m^d{}_1$ in bezug auf den Marktzinssatz r_B zeigt Gleichung (21).[118]

$$(21)\quad dm^d{}_1/dr_B = [d \log (C^d + D^d)]/dr_B$$

Nach Gewichtung von Bargeld und Sichtguthaben ergibt sich Gleichung (22).

$$(22)\quad dm^d{}_1/dr_B = \alpha\, dc^d/dr_B + (1-\alpha)\, dd^d/dr_B$$

Gleichung (22) betrachtet die Zinselastizität von $m^d{}_1$ als gewichteten Durchschnitt der Semielastizitäten von Bargeld und Sichtguthaben. Der Gewichtungsfaktor α stellt den Anteil des Bargelds an der gesamten Geldmenge M1 dar [$\alpha = C^d/(C^d+D^d)$]. Tabelle 16 gibt Auskunft über das Verhalten von α für die Bundesrepublik Deutschland zwischen 1976 und 1993. Es wird deutlich, daß α bis 1990 relativ konstant geblieben ist, um dann leicht zu fallen. Sein Durchschnittswert für den gesamten Zeitraum betrug 0,33. Im Gegensatz zur Bundesrepublik Deutschland betrug α für die USA 1984 0,28.

118 $m^d{}_1 = \log (M^d 1)$.

Tabelle 16: Zusammensetzung von M1 (Stand Juli des jeweiligen Jahres) in der BRD, in Mrd. DM, 1976 - 1993

Jahr	M1	Bargeld	Sichtguthaben	α
1976	177,3	60,6	116,7	0,34
1977	191,6	66,6	125,0	0,35
1978	216,1	70,0	146,1	0,32
1979	231,1	75,5	155,6	0.33
1980	237,2	79,9	157,3	0,34
1981	240,8	82,0	158,8	0,34
1982	249,6	84,5	165,1	0,34
1983	278,4	91,9	186,5	0,33
1984	282,3	96,2	186,1	0,34
1985	293,7	99,0	194,7	0,34
1986	327,3	106,1	221,2	0,32
1987	357,4	116,5	240,9	0,33
1988	393,2	130,1	263,1	0,33
1989	414,7	141,9	272,8	0,34
1990	432,4	143,5	288,9	0,33
1991	550,6	162,9	387,7	0,30
1992	580,8	175,4	405,4	0,30
1993*	626,6	195,9	430,7	0,31

* Stand Mai 1993

Quelle: Statistische Beihefte zu den Monatsberichten der Deutschen Bundesbank, laufende Jahrgänge

Nach Einsetzen der Gleichungen (19) und (20) in Gleichung (22) erhält man:

$$(23)\quad dm^d_1/dr_B = \alpha\ \delta c^d/\delta r_B + (1-\alpha)\ \delta d^d/\delta r_B + \\ + dr_D/dr_B\ [\alpha\ \delta c^d/\delta r_D + (1-\alpha)\ \delta d^d/\delta r_D]$$

Die Wirkung einer Einführung von verzinslichen Transaktionskonten auf die Zinselastizität der Geldnachfrage M1 läßt sich anhand von Gleichung (23) analysieren. In der Ausgangssituation, wenn der Depositenzinssatz fixiert ist, gilt $dr_D/dr_B = 0$. In diesen Fällen muß die Zinselastizität von M1 negativ sein. Die Einführung von variabel verzinslichen Transaktionskonten bewirkt nun, daß gilt $0 < dr_D/dr_B < 1$. Mit $\alpha = C^d/(C^d+D^d)$ folgt $\alpha\ \delta c^d/\delta r_D + (1-\alpha)\ \delta d^d/\delta r_D = \delta C^d/\delta r_D \bullet 1/(C+D) + \delta D^d/\delta r_D \bullet 1/(C+D)$. Aus der groben Substituierbarkeit folgt $\delta C^d/\delta r_D + \delta D^d/\delta r_D > 0$, und somit ist auch der Term $\alpha\ \delta c^d/\delta r_D + (1-\alpha)\ \delta d^d/\delta r_D$ positiv. Es sinkt also mit steigendem dr_D/dr_B die Zinselastizität von M1[119], was den steigenden Verlauf der Nachfrageelastizitätskurve für M1 in Abbildung 7 erklärt.

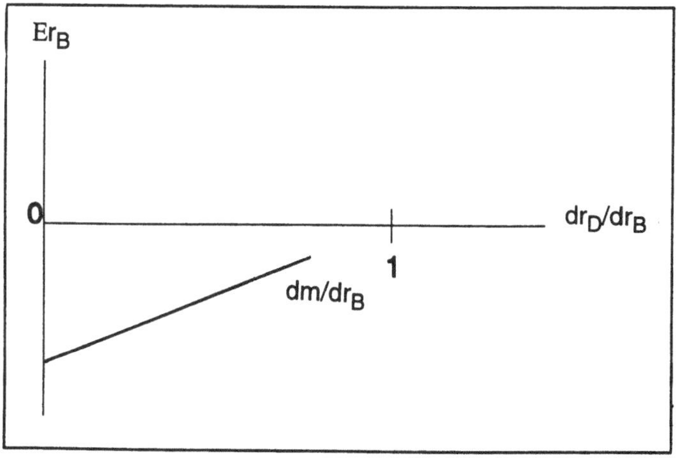

Abbildung 7: Zinselastizität (Er_B) der Nachfrage nach M1

Im IS-LM-Schema ausgedrückt, bedeutet die verminderte Zinselastizität der Nachfrage nach M1 eine steiler verlaufende LM-Kurve, ein Ergebnis, das von Ökonomen wie Hester (1981), Judd (1983), Tobin

119 Die Zinselastizität von M1 könnte sogar positiv werden. Doch wird davon im folgenden abgesehen.

(1983), (1986), Santomero und Siegel (1986), Benavie und Froyen (1988) bestätigt wird. Abbildung 8 zeigt den Effekt der steileren LM-Kurve für die Geldpolitik. Wenn die Geldnachfrage sensitiv auf Änderungen des Zinssatzes reagiert, dann kann eine gegebene Variation des Geldangebotes mit einer geringeren Veränderung von Zinssatz und Volkseinkommen absorbiert werden. Eine Geldmengenerhöhung verschiebt die LM_0-Kurve nach LM_1, und das neue Gleichgewicht liegt im Punkt B mit dem Zinssatz r_{B1} und dem Volkseinkommen Y_1. Verläuft die LM-Kurve dagegen steiler, bewegt eine Geldmengenerhöhung die LM'_0-Kurve nach LM'_1. Im neuen Gleichgewichtspunkt C ist das Volkseinkommen größer und der Zinssatz niedriger als im Gleichgewichtspunkt der flacher verlaufenden LM-Kurve (Punkt B).

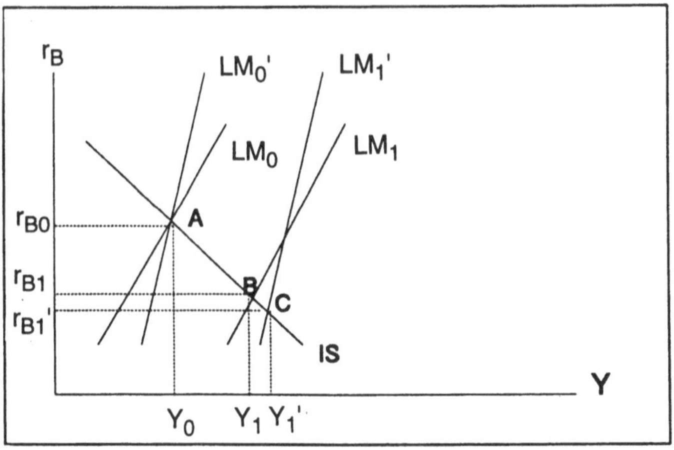

Abbildung 8: Geldpolitik bei flexibler Verzinsung von Depositen

Die Notenbank muß bei reduzierter Zinselastizität der Geldnachfrage, sofern sie die Geldmenge über Zinssatzvariationen steuert, größere Zinssatzänderungen als in der Ausgangssituation vornehmen, falls die Geldmenge den gewünschten Wachstumspfad verläßt. Weil der Notenbank die neuen Relationen nicht ex ante bekannt sind, sondern sich erst ex post empirisch ermitteln lassen, steigt das stabilitätspolitische

Risiko einer Geldmengensteuerung via Zinsveränderung. Für die Wirtschaftspolitik bedeutet die verminderte Zinselastizität der Geldnachfrage einen Effizienzverlust der Fiskalpolitik. Fiskalpolitische Impulse verpuffen nun zunehmend in Zinsschwankungen und erzielen nur noch geringe Outputwirkung. Bei einer autonomen Zentralbank verliert die Regierung an Verantwortung für die Konjunkturpolitik.

Die Einführung von variabel verzinslichen Transaktionskonten reduziert also die Zinselastizität der Geldnachfrage. Die Struktur des monetären Sektors wird "klassischer", d.h. die Volkswirtschaft wird anfälliger gegenüber Finanzmarktschocks und immuner gegenüber realen Nachfrageschocks. Abbildung 9 zeigt die Bedeutung der reduzierten Zinselastizität der Geldnachfrage für die Steigung der aggregierten Nachfragekurve und somit für die Anfälligkeit einer Volkswirtschaft gegenüber Angebotsschocks. Je steiler die LM-Kurve verläuft, desto flacher ist die aggregierte Nachfragekurve (DD-Kurve), und desto stärker schlagen sich Angebotsschocks (Verschiebung der SS-Kurve) in Schwankungen des Outputs als in Variationen des Preisniveaus nieder. Die Verschiebung der SS-Kurve in Abbildung 9 demonstriert einen positiven Angebotsschock, ausgelöst beispielsweise durch eine Lohnsenkung oder eine Verringerung der Importpreise. Im Fall der flacheren aggregierten Nachfragekurve (DD') steigt das Volkseinkommen auf den Wert Y_2, während im Fall der steileren Nachfragekurve das Volkseinkommen nur auf den Wert Y_1 ansteigt.

Wie auch immer die Notenbank den strukturellen Wandel im monetären Sektor bewerten mag, ihr stehen Mittel zur Verfügung, ihn aufzuhalten. Gleichung (4) zeigt, wovon dr_D/dr_B – und somit die Zinselastizität der Geldnachfrage – abhängt.

$$(4) \quad dr_D/dr_B = (1-\Omega)[-\delta k/\delta r_B \bullet r_B + (1-k) + k_0\, dr_R/dr_B]$$

Da in der Bundesrepublik Deutschland die Mindestreserven nicht verzinst werden, nimmt dr_D/dr_B einen um so größeren Wert an, je geringer die Reservehaltung der Banken ist und je ineffektiver die Absprachen der Banken zur Fixierung von r_D sind, also je intensiver der Wettbewerb im Finanzsektor ist. Die Geldpolitik kann daher über Variationen des Mindestreservesatzes Einfluß auf die Zinselastizität der Nachfrage nach M1 nehmen. Unter der Annahme, daß bei einer Erhöhung des Mindestreservesatzes die Banken mehr Reserven nachfragen, führt eine Erhöhung von k_0 über eine Senkung von dr_D/dr_B zu einer größeren Zinsreagibilität der Geldmenge M1. Eine Erhöhung des Mindestreservesatzes vermindert also die Steigung der LM-Kurve.

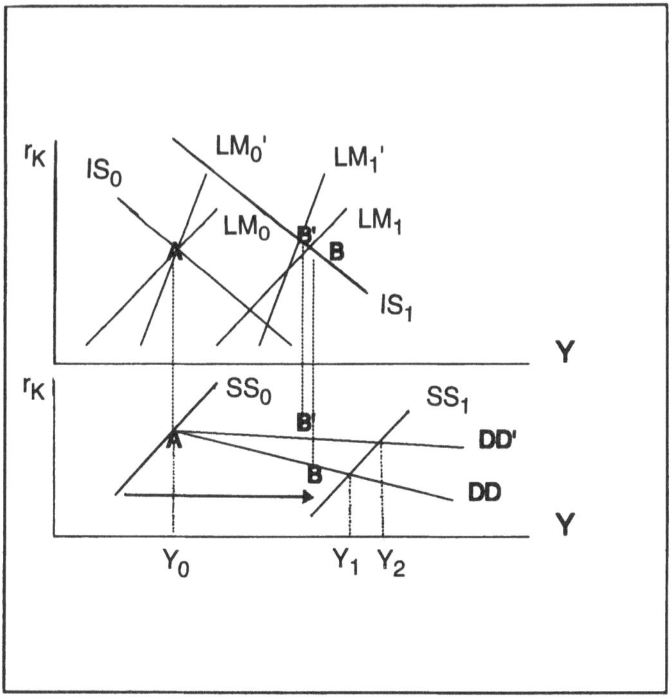

Abbildung 9: Angebotsschocks bei flexibler Verzinsung von Depositen

Will man die alten Finanzmarktstrukturen wiederherstellen, weil man der Ansicht ist, daß die LM-Kurve schon vor Beginn der Innovationsphase steil genug gewesen ist, so kann eine Erhöhung der Mindestreserveforderungen diesen Zweck erfüllen.

1.2 Substituierbarkeit der Vermögensaktiva

Im folgenden soll überlegt werden, inwiefern die bisher abgeleiteten Ergebnisse durch andere Effekte, die von Finanzinnovationen ausgehen, modifiziert werden müssen. Es wird dabei zunächst die Rolle veränderter Substitutionsbeziehungen zwischen den Vermögensaktiva betrachtet.

In den bisherigen Ausführungen wurde unterstellt, daß die Beziehungen der Vermögensaktiva untereinander durch "gross substitutability" gekennzeichnet sind. Aus dieser Annahme folgt, daß die Kreuzableitungen der Nachfragefunktionen nach den Renditen der Vermögensaktiva negativ und die partiellen Ableitungen nach den Eigenraten positiv sind. Außerdem folgt daraus, daß ein Eigeneffekt einen Kreuzeffekt in seinem Ausmaß übersteigt.

Herz (1988) argumentiert nun, daß Finanzinnovationen die Substitutionsbeziehungen unter den Vermögensaktiva verengen, und zwar sowohl innerhalb des Finanzvermögens als auch zwischen Finanz- und Realkapital. Finanzinnovationen der Gruppe 3 (Finanzinnovationen, die die Transaktionskosten bei der Substitution von Finanzaktiva senken) verringern den Unterschied zwischen dem Finanzvermögen, das zwecks Wertaufbewahrung, und solchem, das zu Zahlungszwecken gehalten wird. Als modelltechnische Folge der engeren Substitutionsbeziehungen werden Eigen- und Kreuzableitungen größer. Ein Blick auf Gleichung (23) und auf Abbildung 10 zeigt die Konsequenzen der gestiegenden Substituierbarkeit für die Zinselastizität der Geldnachfrage.

$$(23)\quad dm^{d}{}_{1}/dr_B = \alpha\,\delta c^{d}/\delta r_B + (1\text{-}\alpha)\,\delta d^{d}/\delta r_B + $$
$$+\, dr_D/dr_B\,[\alpha\,\delta c^{d}/\delta r_D + (1\text{-}\alpha)\,\delta d^{d}/\delta r_D]$$

Es gilt $\alpha\,\delta c^{d}/\delta r_B + (1\text{-}\alpha)\,\delta d^{d}/\delta r_B = \delta C^{d}/\delta r_B \bullet 1/(C+D) + \delta D^{d}/\delta r_B \bullet 1/(C+D)$, demnach verschieben die größeren Kreuzableitungen als Folge der erhöhten Substituierbarkeit der Finanzaktiva die dm/dr_B-Kurve in Abbildung 10 von P1 nach P2. Also auch wenn $dr_D/dr_B=0$, also in dem Fall, in dem die Absprachen der Banken das Zahlen eines marktmäßigen (variablen) Zinssatzes verhindern, vermindert die erhöhte Substituierbarkeit der Finanzaktiva die Zinselastizität der Nachfrage nach M1. Die Steigung der Geldnachfragekurve ist durch $\alpha\,\delta c^{d}/\delta r_D + (1\text{-}\alpha)\,\delta d^{d}/\delta r_D = \delta C^{d}/\delta r_D \bullet 1/(C+D) + \delta D^{d}/\delta r_D \bullet 1/(C+D)$ gegeben. Ist $dr_D/dr_B > 0$, führen die größere Kreuzableitung und die größere Eigenableitung zu einer Drehung der Geldnachfragekurve im Punkt P2.[120] Folglich nimmt die Zinselastizität der Nachfrage nach M1 weiter ab.[121]

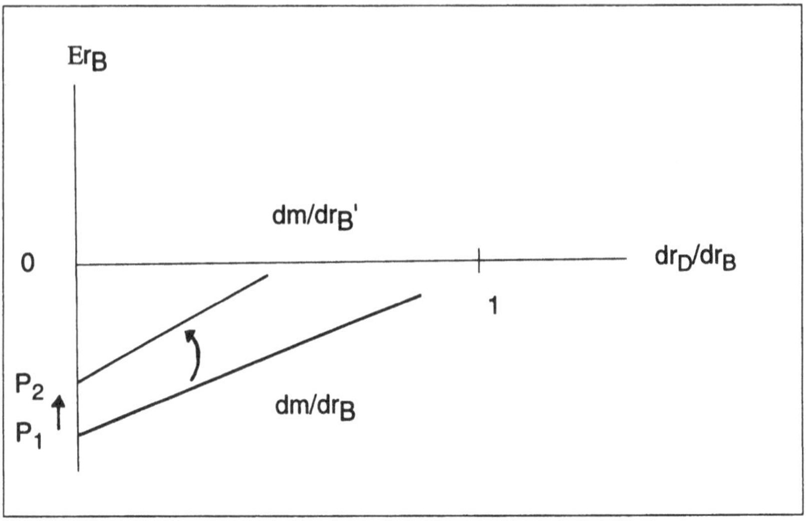

Abbildung 10: Zinselastizität (Er_B) der Nachfrage nach M1 bei erhöhter Substituierbarkeit der Finanzaktiva

120 Es wurde angenommen, daß eine engere Substitutionsbeziehung die Summe C+D nicht ändert.

121 Eine positive Zinselastizität der Nachfrage nach M1 wird weiterhin annahmegemäß ausgeschlossen.

Die gestiegene Substituierbarkeit der Finanzaktiva wirkt also in dieselbe Richtung wie die flexible Verzinsung der Sichtguthaben. Die LM-Kurve wird steiler mit all den schon beschriebenen Konsequenzen für die Notenbankpolitik.

Die häufig unterstellte geringere Substituierbarkeit zwischen Finanz- und Realkapital als innerhalb des Finanzvermögens resultiert aus den unterschiedlichen Risiken, denen beide Arten von Vermögen unterliegen.[122] Während das Finanzvermögen vor allem dem Bonitäts- und Inflationsrisiko ausgesetzt ist, unterliegt das Realvermögen dem Branchen-, Konjunkturrisiko und technologischem Risiko. Finanzinnovationen der Gruppe 4 (risikotransferierende Finanzinnovationen) erhöhen nun laut Herz (1988) die Substitutionsbeziehung zwischen Finanz- und Realkapital, weil sie es einzelnen Vermögensbesitzern erlauben, sich gegen einige der mit Realinvestitionen verbundenen Risiken abzusichern. In diesem Zusammenhang führt Herz das Branchenrisiko an, gegen das sich ein Sachkapitalhalter mit Hilfe von Terminkontrakten auf Aktienindizes absichern kann.

Gegen diese Sichtweise von Herz läßt sich folgender Einwand formulieren. Finanzinnovationen der Gruppe 4 nämlich, und insbesondere die von Herz angesprochenen Terminkontrakte auf Aktienindizes, sind vor allem redundante Finanzierungsinstrumente. Durch sie werden daher nur Risiken vernichtet, die bisher auch ausgeschaltet werden konnten. Sie haben sich am Markt durchgesetzt, weil sie die Diversifikation von Risiken zu geringeren Transaktionskosten liefern als herkömmliche Instrumente. Von einer engeren Substitutionsbeziehung zwischen Finanz- und Realvermögen kann daher nur insofern gesprochen werden, wie die Finanzinnovationen die Transaktionskosten bei der Diversifikation von Risiken senken.

---

122 Zwei Vermögensaktiva gelten als Komplemente, wenn die Risiken ihrer Erträge negativ korreliert sind.

1.3 Nachfrage nach Zentralbankgeld

Finanzinnovationen der Gruppen 1, 2 und 3 führen zu einem strukturellen Wandel der Zahlungsgewohnheiten. Wesentliches Merkmal dieses Wandels besteht in der Zunahme des bargeldlosen Zahlungsverkehrs und in der verminderten Nachfrage der Wirtschaftssubjekte nach Zentralbankgeld. Dies bedeutet, daß die Wirtschaftssubjekte sich zunächst in einer Umstellungs- oder Übergangsphase (= Innovationsphase) befinden, in der sie Bargeldbestand abbauen wollen. Drei Effekte werden dadurch ausgelöst.

Der erste Effekt besteht in der Verringerung des Wertes von α, da α ja den Anteil des Bargelds an der Geldmenge M1 repräsentiert. Ein erneuter Blick auf Gleichung (23) zeigt die Konsequenzen des kleineren α.

$$(23) \quad dm^d{}_1/dr_B = \alpha\, \delta c^d/\delta r_B + (1-\alpha)\, \delta d^d/\delta r_B + + dr_D/dr_B\, [\alpha\, \delta c^d/\delta r_D + (1-\alpha)\, \delta d^d/\delta r_D]$$

Generell kann gesagt werden, daß eine Verminderung von α zinselastizitätssenkend wirkt, wenn $\delta d^d/\delta r_B \leq \delta c^d/\delta r_B$ (Fall 1) gilt. Der Fall $\delta d^d/\delta r_B = \delta c^d/\delta r_B$ kommt in Abbildung 11 in der Drehung der Zinselastizitäts-Kurve von dm/dr_B nach dm/dr_B' zum Ausdruck. Ist $\delta d^d/\delta r_B < \delta c^d/\delta r_B$, wird die dm/dr_B'-Kurve zusätzlich von A nach B verschoben (dm/dr_B''-Kurve). Wenn dagegen gilt $\delta d^d/\delta r_B > \delta c^d/\delta r_B$ (Fall 2), treffen zwei unterschiedliche Effekte aufeinander. Die zinselastizitätsmindernde Drehung der dm/dr_B-Kurve bleibt erhalten. Hinzu kommmt die zinselastizitätssteigernde Verschiebung der dm/dr_B-Kurve nach unten. In diesem Fall kann der Nettoeffekt für die Zinselastizität der Geldnachfrage nicht bestimmt werden. Zur Klärung bedarf es empirischer Untersuchungen.

Der zweite Effekt, der von dem Wunsch der Wirtschaftssubjekte ausgeht, ihre Bargeldhaltung zu reduzieren, äußert sich in dem schon beschriebenen Fall einer autonomen Geldmengenerhöhung ($dr_K/dH^s < 0$). Der verminderte Wunsch nach Bargeldhaltung führt zu einem Angebotsüberhang auf dem Geldmarkt. Ohne Gegensteuern der Notenbank, läuft der Angebotsüberhang auf eine einmalige Erhöhung des Preisniveaus hinaus.

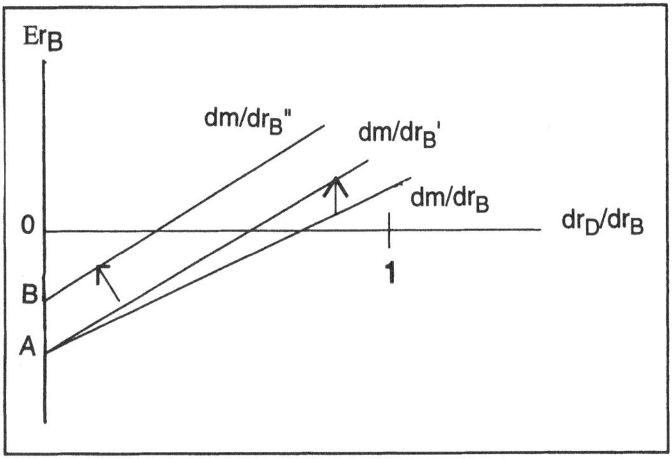

Abbildung 11: Die Bedeutung von α für die Zinselastizität der Geldnachfrage (Fall 1)

Der dritte Effekt der verminderten Bargeldhaltung ist die Vergrößerung des Geldschöpfungsmultiplikators ß. Der Geldmultiplikator gibt an, um wieviel die Geldmenge bei einer Erhöhung der Zentralbankgeldmenge steigt. Gleichung (24) zeigt, daß eine Verringerung der Bargeldneigung b und der von den Banken gehaltenen Reserven k den Multiplikator erhöhen.[123]

$$(24) \quad \beta = \frac{1 + b}{k + b}$$

123 Der Multiplikator, differenziert nach b ergibt $\frac{(k + b) - (1 + b)}{(k + b)^2} < 0$

Abbildung 12 verdeutlicht diesen Zusammenhang nochmals auf andere Weise. Die H^d-Kurve zeigt die Nachfrage nach Zentralbankgeld in Relation zur Geldmenge M. Die Steigung der H^d-Kurve entspricht dem reziproken Wert des Geldmultiplikators aus Gleichung (24). Die als Folge von Finanzinnovationen verminderte Bargeldneigung der Wirtschaftssubjekte senkt die Steigung der H^d-Kurve von H^d_0 nach H^d_1. Das Angebot an Zentralbankgeld wird durch die H^s-Kurve dargestellt. Die Verschiebung des Gleichgewichts von A nach A' zeigt den Effekt der autonomen Geldmengenerhöhung. Die Geldmenge steigt von M_0 auf M_0'. Eine Erhöhung der Zentralbankgeldmenge verschiebt die H^s-Kurve von H^s_0 nach H^s_1. Vor der Einführung der Finanzinnovationen resultierte daraus das Gleichgewicht im Punkt B. Die Geldmenge hatte sich von M_0 auf M_1 erhöht. Nach Einführung der Finanzinnovationen kommt das neue Gleichgewicht im Punkt B' zustande. Die Geldmenge M erhöht sich von M_0' auf M_1'. Da M_0'-M_1' > M_0-M_1 gilt, ist der Geldmultiplikator offensichtlich gestiegen.

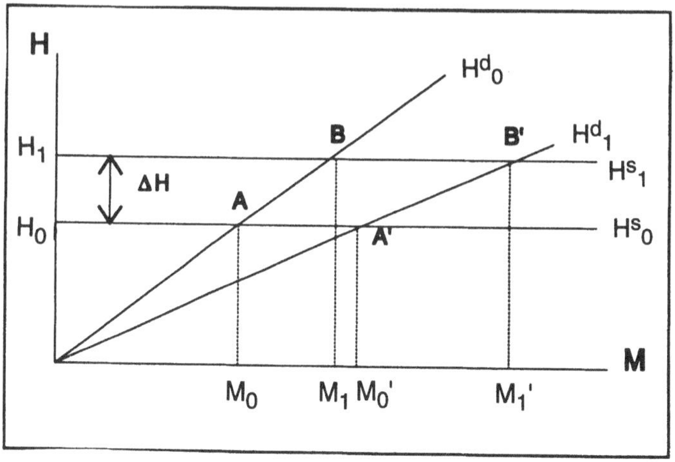

Abbildung 12: Erhöhung des Geldmultiplikators durch Finanzinnovationen

Der expansive Effekt der verminderten Bargeldhaltung hat zur Folge, daß in der Innovationsphase das Einhalten von Geldmengenzielen erschwert wird. Das Ausmaß, in dem die Wirtschaftssubjekte ihre Bargeldhaltung vermindern wollen, ist der Notenbank nicht im voraus bekannt. Folglich kann sie nicht exakt den expansiven Effekt der verminderten Bargeldhaltung kompensieren. Ein Abrücken von öffentlich bekundeten Geldmengenzielen kann dann der Glaubwürdigkeit ihrer Stabilitätspolitik besser dienen als das Erstellen von Zielvorgaben, die nicht erreicht werden. Außerdem bedeutet die Erhöhung des Geldmultiplikators, daß die zur Geldversorgung einer wachsenden Wirtschaft benötigte Zuwachsrate an Geld sich verringert.

1.4 Zinselastizität der Investititionsnachfrage

Die vorangegangenen Ausführungen haben sich mit den Veränderungen in der Struktur des monetären Sektors als Folge von Finanzinnovationen beschäftigt. Finanzinnovationen berühren aber nicht nur den monetären, sondern auch den realen Sektor einer Volkswirtschaft. Veränderungen in der Struktur des realen Sektors, d.h. in der Zinselastizität der Investitionsnachfrage, sind für die Effizienz des geldpolitischen Transmissionsprozesses von ebenso großer Bedeutung wie jene des monetären Sektors. Im folgenden wird zunächst die Bedeutung der Zinselastizität der Investitionsnachfrage für die Geldpolitik dargestellt. Im Anschluß daran werden die Einflüsse, die von Finanzinnovationen auf die Zinselastizität der Investitionsnachfrage ausgehen, diskutiert.

Die Bedeutung der Zinselastizität der Investitionsnachfrage für die Geldpolitik läßt sich in einem IS-LM-Modell einfach zeigen (Abbildung 13). Auf der Ordinate ist dabei der Gesamtkapitalkostensatz r_K abgetragen. Fällt r_K, steigt q und die Investitionstätigkeit wird angeregt. Ein gegebener geldpolitischer Impuls bei "normaler" Zinssensitivität der Investitionsnachfrage verschiebt die LM_0-Kurve entlang der IS_0-Kurve von A nach B. Das Volkseinkommen steigt von Y_0 auf Y_1. Ist dagegen die Investitionsnachfrage zinsunelastisch, verläuft die IS-Kurve vertikal. Ein geldpolitischer Impuls verschiebt dann die LM_0-Kurve entlang der IS_0'-Kurve von A nach B' und hat keinen Effekt auf das Volkseinkommen. Für die Effizienz der Geldpolitik ist somit von entscheidender Bedeutung, inwiefern die Zinselastizität der Investitionsausgaben von Finanzinnovationen tangiert wird. Im folgenden werden nun die in der Literatur diskutierten Hypothesen über die Effekte, die von Finanzinnovationen auf die Zinselastizität der Ausgabenentscheidungen der Wirtschaftssubjekte ausgehen, auf ihre Stichhaltigkeit hin überprüft.

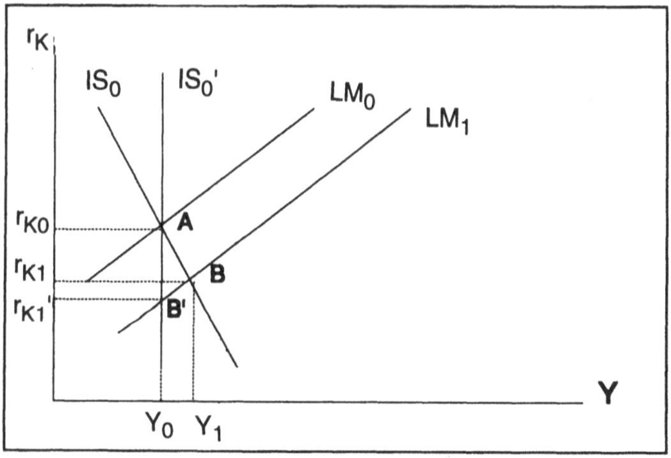

Abbildung 13: Die Bedeutung der Zinselastizität der Investitionsnachfrage für die Geldpolitik

Die Hypothese "Absicherung gegen Zinsschwankungen durch Kurssicherungsgeschäfte", die für eine gesunkene Zinselastizität der Investitionsnachfrage spricht, ist Lusser (1986) zufolge nur wenig stichhaltig. Es wird argumentiert, daß Investoren sich mit Hilfe von Kurssicherungsgeschäften gegen Zinssteigerungen absichern könnten. Doch gilt dies nur für Investitionen, die vor der Zinssatzsteigerung geplant waren. Außerdem steigen bei erhöhten Zinsen trotz Absicherung die Opportunitätskosten einer Investition. Folglich bleibt der Einfluß von Zinssatzänderungen auf die Höhe der gesamtwirtschaftlichen Investitionsnachfrage bestehen.

Auf Wenninger (1984) geht die These der "Sicherung durchschnittlicher Kapitalkosten durch variable Kreditverzinsung" mit der Folge einer verminderten Investitionselastizität zurück. Er behauptet, daß Investoren, die bei variabler Verzinsung ihrer Kredite davon ausgehen, auf längere Sicht stets einen durchschnittlichen Zinssatz zu zahlen, keine Notwendigkeit dafür sehen, Investitionen von Hochzins- auf Niedrigzinsphasen zu verschieben.[124] In dem Fall verliefe die IS-Kurve vertikal, und die Volkswirtschaft befände sich in der keynesschen Investitionsfalle.

Wenningers Schlußfolgerung vernachlässigt die Möglichkeit alternativer Finanzmarktanlagen. In Hochzinsphasen werden Investitionen nämlich nicht nur wegen zu hoher Finanzierungskosten verschoben, sondern auch weil andere Finanzmarktanlagen kurzfristig attraktive Renditen liefern. Eine restriktive Geldpolitik beispielsweise kann die Erträge von Geldmarktanlagen so erhöhen, daß eine Verschiebung von Investitionen bei gleichzeitiger Nutzung der Geldmarkterträge den Cash Flow eines Unternehmens steigert.

Außerdem basiert Wennigers Argumentation auf zweifelhaften Annahmen bezüglich der Finanzierungsstruktur und -dauer von Investitionen: Er unterstellt, daß eine Investition allein mit Fremdkapital finanziert werden kann, und geht von einer infiniten Investitionsperiode aus.

Wie die Theorie der Unternehmensfinanzierung zeigt, liegt der optimale Verschuldungsgrad eines Unternehmens, definiert als das Verhältnis von Eigen- zu Fremdkapital, dort, wo die Finanzierungskosten

---

124 "Moreover, with floating rates not even the prospective borrower would postpone spending until rates dropped because his borrowing costs will automatically fall as rates decline and he will pay the average rate 'just like everyone else'." Wenninger (1984), S. 2.

minimiert werden. Bei dem Eingeständnis von Kapitalmarktunvollkommenheiten und der Existenz von Steuern, die die Fremdfinanzierung begünstigen, kann die Gültigkeit des Modigliani/ Miller-Theorems ausgeschlossen werden. Im allgemeinen geht man davon aus, daß die Kosten der Finanzierung durch Eigenkapital größer sind als die Kosten der Beschaffung von Fremdkapital. Somit ergibt sich die theoretische, optimale Kapitalstruktur bei maximaler Verschuldung. In der Realität wird eine exzessive Verschuldungspolitik allerdings mit steigenden Renditeforderungen von Eigenkapial- und Fremdkapitalgebern bestraft, so daß ein optimaler Verschuldungsgrad existiert, der unterhalb des maximalen Verschuldunsgrades liegt. Mit anderen Worten: Im Durchschnitt bedarf die Finanzierung einer Investition sowohl Fremd- als auch Eigenkapitals. Der für die Investitionsentscheidung relevante Zinssatz setzt sich daher aus den gewichteten Kosten für die Aufnahme von Fremd- und Eigenkapital zusammen. Variabel verzinste Kredite, die dem Investor einen durchschnittlichen Fremdkapitalkostensatz gewähren, schützen ihn nicht vor Variationen in den Kosten der Eigenkapitalfinanzierung. Unter der realistischen Annahme, daß eine Geldmengenerhöhung auch zu einer Erhöhung der Aktienpreise und somit zu einer Senkung der Eigenkapitalkosten führt, ist eine vertikal verlaufende IS-Kurve nicht zu erwarten.

Wie schon bemerkt, unterstellt Wenninger weiterhin eine infinite Zeitperspektive. Da die Dauer einer Investition aber begrenzt ist, ist für den "return on investment" trotz variabler Verzinsung von Krediten von entscheidender Bedeutung, ob die Investition in einer Niedrig- oder Hochzinsphase begonnen wurde. Auf eine zinsunabhängige Investitionsnachfrage kann daher auch bei variabler Kreditfinanzierung nicht geschlossen werden. Dennoch erscheint es plausibel, daß die Existenz einer variablen Kreditfinanzierung in Hochzinsphasen die Durchführung von Investitionen begünstigt, da der hohe Zinssatz nun nicht mehr für die gesamte Investitionsperiode festgeschrieben ist. In Phasen niedriger Zinsen hingegen werden die Unternehmen ihre Investitionen über festverzinsliches Fremdkapital finanzieren. Die Möglichkeit einer variablen Kreditfinanzierung hat dann keinen Einfluß auf die Investitionsentscheidung.

Akhatar (1984), Akhatar und Dennis (1984) sowie Bofinger (1986) argumentieren, daß sich eine Zinsänderung bei variabler Verzinsung auch auf den gesamten Altbestand an Krediten niederschlüge. Als Folge davon reagierten Schuldner sensibler auf Zinserhöhungen. Ihr Insolvenzrisiko, resultierend aus einem unerwarteten Zinsanstieg, wüchse. Ürsprünglich geplante Investitionsvorhaben müßten zurückgestellt werden, um dem erhöhten Illiquiditätsrisiko zu begegnen.

Die Vertreter dieser Hypothese nehmen wohl eine ausschließliche Fremdfinanzierung über Kredite mit variabler Verzinsung an. Geht man demgegenüber davon aus, daß eine variable Kreditfinanzierung von den Unternehmen vor allem in Hochzinsphasen gewählt wird, während in Niedrigzinsphasen festverzinsliche Finanzierungsformen bevorzugt werden, so erscheint diese Hypothese wenig überzeugend.

Außerdem dürfen bei einer makroökonomischen Betrachtung die Wirkungen, die von einer zunehmenden Verbreitung variabel verzinslicher Kredite auf das Verhalten der Gläubiger ausgehen, nicht vernachlässigt werden. Zu diesem Zweck muß zwischen dem Einkommenseffekt (EE) und dem Vermögenseffekt (VE) einer Zinsänderung unterschieden werden. Wie Tabelle 17 zeigt, führt ein Zinsanstieg bei fixer Verzinsung zu einem Vermögensverlust der Gläubiger und zu einem Vermögensgewinn der Schuldner. Bei variabler Verzinsung hingegen führt ein Zinsanstieg zu einem erhöhten Zinseinkommen der Gläubiger und zu erhöhten Zinsausgaben der Schuldner. Eine Substitution fixer Kredite durch variabel verzinsliche ersetzt also das Vermögen durch das Einkommen als Transmissionsglied eines Zinsanstiegs. Da, wie bei den Schuldnern, auch bei den Gläubigern Einkommen und Vermögen mit demselben Vorzeichen in ihre Konsum- und Sparfunktionen eingehen, kann von diesem Wechsel nicht auf eine anders geartete Steigung der IS-Kurve geschlossen werden.

Tabelle 17: Makroökonomischer Vermögens- und Einkommenseffekt eines Zinsanstiegs bei fixer und variabler Verzinsung der Kredite

	fixe Verzinsung		variable Verzinsung	
	EE	VE	EE	VE
Gläubiger	0	–	+	0
Schuldner	0	+	–	0

Für eine zinselastischere Investitionsnachfrage spricht allerdings der gestiegende Wettbewerb im Finanzsektor. Er dürfte die Sensibilität der Banken gegenüber Kostenänderungen im allgemeinen und Zinsänderungen im besonderen erhöhen. Die als Ausdruck des gestiegenden Wettbewerbs zunehmende Verbreitung der Finanzinnovationen der Gruppe 1 wirken in dieselbe Richtung. Die Zinszahlungen der Banken auf Sichtguthaben erhöhen die Gesamtkosten der Banken und den Anteil der Zinskosten an den Gesamtkosten. Die Margen der Banken sinken also. Folglich ist zu erwarten, daß die Ausgabenentscheidungen der Banken zinselastischer werden.

Wägt man diese die Zinselastizität der Investitionsnachfrage erhöhenden Faktoren gegen die eingangs erwähnten gegenläufigen Effekte ab, so ist der Nettoeffekt unklar. Seine exakte Quantifizierung bleibt empirischen Untersuchungen vorbehalten. Erhebliche Veränderungen in der Steigung der IS-Kurve sind allerdings intuitiv nicht zu erwarten.

2. Wahl des geldpolitischen Zwischenziels

In diesem Kapitel wird der Frage nachgegangen, inwiefern Finanzinnovationen die Vorteilhaftigkeit des monetären Zwischenziels berühren. Dabei wird die konjunkturelle Perspektive unterstellt. Ein Zwischenziel soll dann einem anderen vorgezogen werden, wenn es besser geeignet ist, die konjunkturellen Schwankungen des Volkseinkommens auszugleichen, und so der Volkswirtschaft hilft, sich entlang ihrem langfristigen Wachstumspfad zu entwickeln.

Als Zwischenziele werden Geldmenge und Zinssatz voneinander unterschieden. Der Analyse wird das von Poole (1970) entwickelte und nach ihm benannte Poole-Kriterium zugrundegelegt. Damit wird geklärt, ob aufgrund der strukturellen Veränderungen innerhalb des monetären Sektors ein Zins- dem Geldmengenziel überlegen ist. Im Anschluß daran werden die theoretischen Überlegungen anhand der Erfahrungen der USA überprüft.

2.1 Geldmenge versus Zinssatz: das Poole-Kriterium

Poole (1970) stellt die Wahl des geldpolitischen Zwischenziels als Optimierungsproblem dar. Er benutzt ein einfaches stochastisches IS-LM-Modell mit den üblichen Annahmen: Die Zentralbank kann sowohl die Geldmenge M als auch den Zinssatz r vollständig kontrollieren. Während ihr Informationen über M und r sofort zur Verfügung stehen, erhält sie Informationen über das zu steuernde Volkseinkommen Y erst mit einer gewissen Verzögerung. Für diesen Zeitraum der Ungewißheit, den Gödde (1988) als Planungszeitraum bezeichnet, stellt sich die Frage der richtigen Strategie.

Gleichung (2.1) zeigt die IS-Kurve und Gleichung (2.2) die LM-Kurve des Modells. Die Störterme u und v sind normalverteilt mit einem Erwartungswert von 0, Varianzen von σ^2_u und σ^2_v und einer Kovarianz von 0.

(2.1) $Y = a_0 + a_1 r + u \qquad ;a_1 < 0$

(2.2) $Y = b_0 + b_1 M + b_2 r + v \qquad ;b_1, b_2 > 0$

(2.3) $A = [b^2_2 \sigma^2_u + a^2_1 \sigma^2_v]/[\sigma^2_u (b_2 - a_1)^2]$

Für die Wahl des geldpolitischen Zwischenziels ist Gleichung (2.3) entscheidend.[125] Die Verhältniszahl A stellt den Quotienten aus der Abweichung des mit Geldmengenpolitik gesteuerten Volkseinkommens Y_m vom Vollbeschäftigungseinkommen Y^* und der Abweichung des mit Zinspolitik gesteuerten Volkseinkommens Y_r vom Vollbeschäftigungseinkommen Y^* dar. Es gilt also:

$$A = [|Y_m - Y^*|]/[|Y_r - Y^*|]$$

Ist die Verhältniszahl A größer als 1, ist eine Zins- einer Geldmengenpolitik überlegen. Ist A demgegenüber kleiner als 1, so ist es zur Stabilisierung des gesamtwirtschaftlichen Outputs vorteilhaft, die Geldmenge gegenüber dem Zinssatz als relevantes Zwischenziel zu wählen. Die Wahl des geldpolitischen Zwischenziels hängt also vor allem von der relativen Instabilität der LM- und IS-Kurve[126] sowie von den Steigungen beider Kurven ab. Dies sei im folgenden anhand einiger Beispiele erläutert.

Abbildung 14 zeigt den einfachsten Fall, bei dem die Störterme u und v den Wert 0 annehmen. Das Modell ist dann deterministisch, d.h. die Lage der IS- und LM-Funktionen ist der Zentralbank mit Sicherheit bekannt. In diesem Fall spielt es keine Rolle, ob die Geldmenge oder der Zinssatz auf das mit dem Vollbeschäftigungs-Output Y^* vereinbarte Niveau gesetzt werden. Wird die Geldmenge gewählt, ist die LM_1-Kurve in Abbildung 14 zuständig. Wird der Zinssatz als Zwischenziel gewählt, ist die LM_2-Kurve relevant. In beiden Fällen wird das Vollbeschäftigungseinkommen erreicht. Ein Wahlproblem stellt sich somit nicht.

---

125 Gleichung 2.3 geht zurück auf Le Roy und Lindsey (1978). Sie wird im Anhang hergeleitet.

126 Instabilität bedeutet hier das Abweichen der Kurven von ihrer prognostizierten Lage.

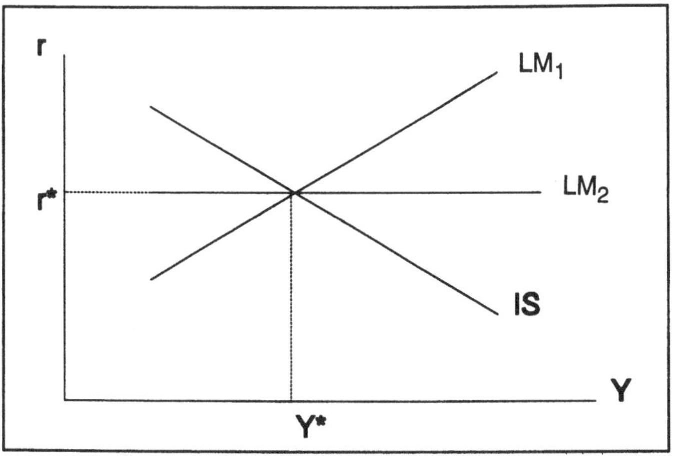

Abbildung 14: Wahl des Zwischenziels bei deterministischer Modellstruktur

In den übrigen Fällen, in denen u und/oder v von 0 verschieden sind, entsteht ein Strategieproblem. Abbildung 15 betrachtet den Fall einer instabilen IS-Funktion bei stabiler LM-Kurve. Es wird angenommen, daß Schocks auf dem Gütermarkt auftreten und die IS-Kurve irgendwo zwischen IS_1 und IS_2 liegt. Verfolgt die Notenbank eine Geldmengenpolitik (LM_1-Kurve), so kann das Volkseinkommen innerhalb einer Bandbreite von Y_1 und Y_2 variieren. Betreibt die Notenbank dagegen eine Zinspolitik (LM_2-Kurve), kann das Volkseinkommen einen Wert zwischen Y_0 und Y_3 annehmen. Die Spanne, in der sich der gesamtwirtschaftliche Output von dem Gleichgewichtswert Y^* entfernen kann, ist bei Verfolgen einer Geldmengenstrategie kleiner als bei einer Zinsstrategie. Folglich ist in diesem Fall die Geldmengenpolitik der Zinspolitik überlegen. Dies zeigt auch die Ableitung von Gleichung 2.3 nach der Varianz von u (Gleichung 2.4). Eine erhöhte Störanfälligkeit der Gütermärkte vergrößert σ^2_u und vermindert den Wert von A. Folglich ist es um so wahrscheinlicher, daß eine Geldmengen- einer Zinspolitik überlegen ist, je störanfälliger die Gütermärkte sind.

(2.4) $\delta A/\delta\sigma^2_u < 0$

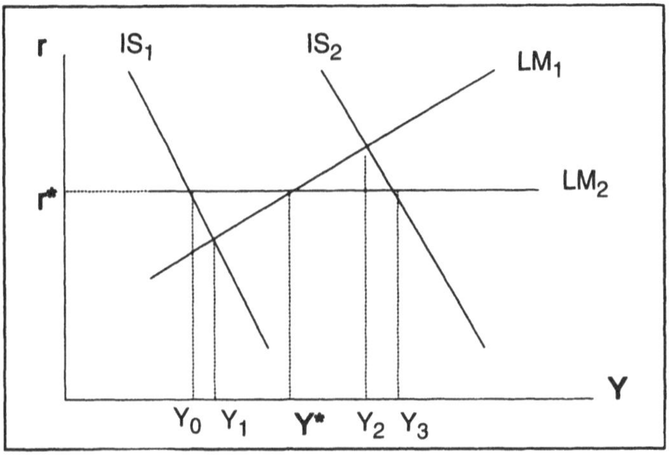

Abbildung 15: Wahl des Zwischenziels bei instabiler IS-Funktion

Abbildung 16 zeigt die Situation einer instabilen LM-Kurve bei stabiler IS-Funktion. Betreibt die Notenbank eine Geldmengenpolitik (LM_1, LM_2), kann das Volkseinkommen zwischen Y_1 und Y_2 schwanken. Wählt sie demgegenüber den Zinssatz als Zwischenziel, verläuft die LM-Kurve horizontal (LM_3) und wird das Vollbeschäftigungseinkommen Y^* realisiert. Bei instabiler LM-Kurve ist also eine Zinspolitik einer Geldmengenpolitik vorzuziehen. Dies besagt auch Gleichung (2.5). Eine erhöhte Störanfälligkeit der Finanzmärkte vergrößert σ^2_v und den Wert von A. Daher ist es um so wahrscheinlicher, daß eine Zins- einer Geldmengenpolitik überlegen ist, je störanfälliger die Finanzmärkte sind.

(2.5) $\delta A/\delta\sigma^2_v > 0$

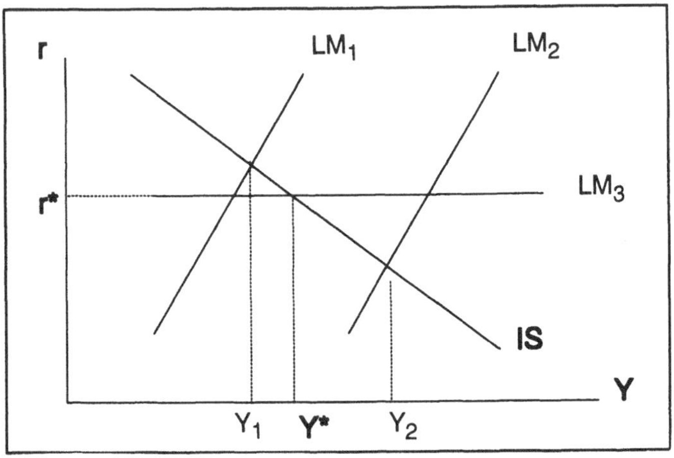

Abbildung 16: Wahl des Zwischenziels bei instabiler LM-Funktion

Sind sowohl die LM- als auch die IS-Funktionen instabil, dann hängt die Wahl des geldpolitischen Zwischenziels ab vom relativen Ausmaß der Instabilität sowie von den relativen Steigungen beider Kurven. Sollten diese beiden Kriterien entgegengesetzte Empfehlungen liefern, so ist eine Entscheidung nur durch Einsetzen der entsprechenden empirischen Werte in Gleichung (2.3) möglich.[127] Generell kann allerdings gesagt werden, daß eine Zinspolitik einer Geldmengenpolitik überlegen ist, je instabiler die LM-Kurve und je stabiler die IS-Kurve ist und je steiler die LM-Kurve und je flacher die IS-Kurve verläuft.

Im folgenden sollen nun anhand von Gleichung (2.3) die Wirkungen, die von Finanzinnovationen auf die Wahl des geldpolitischen Zwischenziels ausgehen, aufgezeigt werden. Es läßt sich zeigen, daß gilt:[128]

---

127 Gödde (1988) diskutiert anhand von graphischen Darstellungen einige dieser Fälle.

128 Vgl. auch Birchler und Kästli (1987).

(2.6) $\delta A/\delta b_2 > 0$ wenn $\sigma^2_u/\sigma^2_v > -a_1/b_2$

(2.7) $\delta A/\delta a_1 > 0$ wenn $\sigma^2_u/\sigma^2_v > -a_1/b_2$

Zunächst seien die Fälle betrachtet, die das Niveau der Geldnachfrage verändern, also zu Verschiebungen der LM-Funktion führen. Derartige Niveauverschiebungen resultieren zum einen aus den veränderten Opportunitätskosten der Kassenhaltung, zum anderen aus den verminderten Transaktionskosten, die bei der Umschichtung von Vermögensanlagen entstehen. Die Opportunitätskosten der Kassenhaltung sind durch das Auftreten von Finanzinnovationen der Gruppe 1 gesunken, sofern sie sich auf den Teil der Geldnachfrage beziehen, der in Form von Depositen gehalten wird. Folglich nimmt die Nachfrage nach Depositen zu, was ceteris paribus die LM-Kurve nach links verschiebt. Demgegenüber sind die Opportunitätskosten der Bargeldkomponente der Geldhaltung relativ gestiegen. Da Bargeld und Sichtguthaben hochgradige Substitute zueinander darstellen, bedeutet die Einführung von Zinszahlungen auf Sichtguthaben eine relative Verteuerung des Haltens von Bargeld. Infolgedessen versuchen die Wirtschaftssubjekte ihre Bargeldbestände zu vermindern, was ceteris paribus die LM-Kurve nach rechts verschiebt.

Die Finanzinnovationen der Gruppe 3, die die Transaktionskosten von Portefeuilles-Umschichtungen senken, wirken einerseits in dieselbe Richtung. Verminderte Transaktionskosten verringern die Nachfrage nach Kassenmitteln, was bei einem gegebenen Geldbestand expansiv wirkt, d.h. die LM-Kurve nach rechts verschiebt. Andererseits führen geringere Transaktionskosten zu häufigeren Anpassungen in den Portfolios der Vermögenshalter. Sofern dabei geldnahe Vermögensanlagen wie z.B. Geldmarktfonds und Termineinlagen in Sichtguthaben oder Bargeld umgewandelt werden bzw. vice versa, kommt es zu Schwankungen in der LM-Kurve.[129]

---

129 Die LM-Kurve bezieht sich auf die Geldmenge in der Abgrenzung von M1, die aus Bargeld und Sichtguthaben besteht.

Alle diese Niveauverschiebungen schlagen sich in der Störvariablen v nieder. Damit nimmt, unabhängig von der Richtung der Geldnachfrageverschiebung, deren Varianz σ^2_v zu, was laut Gleichung (2.5) die Verhältniszahl A vergrößert. Das bedeutet, daß sich die Wahrscheinlichkeit erhöht, daß eine Zinspolitik geringere Schwankungen im realen Volkseinkommen verursacht als eine Geldmengenpolitik.

Diese von Finanzinnovationen verursachten Schwankungen in der Geldnachfrage können unter Umständen nur temporär sein. Es ist durchaus denkbar, daß die Wirtschaftssubjekte nach einer Phase der Anpassung wieder zu stabileren Geldnachfragerelationen zurückfinden. Das betrifft vor allem die von den veränderten Opportunitätskosten induzierten Schwankungen. Aber auch die Instabilitäten, die auf die verminderten Transaktionskosten von Portefeuilles-Anpassungen zurückgehen, könnten vorhergesehen und mit einer diskretionären Geldmengenpolitik ausgeglichen werden, sobald die Entscheidungsfunktion der Vermögenshalter den geldpolitischen Instanzen bekannt ist. Der Schluß, von Finanzinnovationen verursachte Instabilitäten in der Geldnachfrage erhöhe tendenziell die Erfolgsaussichten einer Zins- gegenüber einer Geldmengenpolitik, gilt also unter Umständen lediglich für eine Übergangsperiode. Die Dauer dieser Phase kann allerdings ex ante nicht fixiert werden.

Wie bereits dargelegt, tangieren Finanzinnovationen nicht nur die Stabilität der Geldnachfrage, sondern auch die Zinselastizität der Geldnachfrage. Für letzteres sind vor allem die Finanzinnovationen der Gruppe 1 verantwortlich, die der Kassenhaltung eine marktmäßige Verzinsung gewähren. Wenn der Zinssatz der Geldhaltung alle Schwankungen des Alternativzinssatzes mitmacht, bleiben die relativen Opportunitätskosten der Kassenhaltung konstant. Zinsvariationen lösen dann keine Veränderungen in der Geldhaltung aus. Die Zinselastizität der Geldnachfrage wird Null. Zwar besteht die Geldhaltung nicht nur aus verzinslichen Kassenmitteln, sondern auch aus unverzinslichen Bargeldbeständen. Doch wie oben gezeigt, überwiegt der zinselastizitätsmindernde Effekt. Die LM-Kurve wird steiler.[130]

In Gleichung (2.3) schlagen sich Veränderungen in der Zinselastizität der Geldnachfrage in der Variablen b_2 nieder. Eine verminderte Zinselastizität bedeutet ein kleineres b_2 und umgekehrt. Gleichung (2.6) zeigt, daß für die Wahl des geldpolitischen Zwischenziels die relative Störanfalligkeit von Güter- und Finanzmärkten sowie die vergleichsweise Zinsempfindlichkeit dieser Märkte von Bedeutung sind. Sind beispielsweise die Störungen auf den Finanzmärkten im Verhältnis zu denjenigen auf den Outputmärkten klein, und ist gleichzeitig die Zinselastizität der Finanzmärkte größer als die der Gütermärkte, so wirkt die verminderte Zinselastizität der Geldnachfrage zugunsten einer Geldmengenpolitik. Bei Berücksichtigung der von Finanzinnovationen verursachten Instabilitäten ist es jedoch wahrscheinlicher, daß die Störanfälligkeit der Finanzmärkte größer als die der Outputmärkte ist. Dies bedeutet, daß $\sigma^2_u/\sigma^2_v < 1$ ist. Nimmt man weiterhin wegen der zinselastizitätsmindernden Effekte der Finanzinnovationen an, daß die Zinsempfindlichkeit der Investitionsnachfrage größer ist als die der Geldnachfrage, so gilt $-a_1/b_2 > 1$. Die Ungleichheitszeichen in Gleichung (2.6) kehren sich um:

$$(2.6a) \quad \delta A/\delta b_2 < 0 \text{ wenn } \sigma^2_u/\sigma^2_v < -a_1/b_2$$

In diesem Fall führt die Verminderung in der Zinselastizität der Geldnachfrage zu einer Vergrößerung der Verhältniszahl A. Die zinsunelastischere Geldnachfrage verschiebt die Struktur des monetären Sektors tendenziell zugunsten einer Zinspolitik. Veränderte Stabilitäts- und Steigungseigenschaften des monetären Sektors wirken dann in dieselbe Richtung. Bei Betrachtung des monetären Sektors ist es somit

---

130 Vgl. Kapitel C.II.1.

wahrscheinlich, daß zumindest in der Übergangsphase eine Zins- einer Geldmengenpolitik überlegen ist.[131]

Gleichung (2.7) zeigt, welche Auswirkungen eine eventuell veränderte Zinselastizität des realen Sektors für die Wahl des Zwischenziels hat. Steigt die Zinselastizität der Investitionsnachfrage (a_1 wird größer), erscheint eine Zinspolitik vorteilhaft, wenn die Störungen auf den Gütermärkten im Vergleich zu denen auf den Finanzmärkten groß sind und gleichzeitig die Zinselastizität auf den Finanzmärkten größer als auf den Gütermärkten ist. Ist demgegenüber, was gerade im Lichte von Finanzinnovationen plausibel erscheint, die Störanfälligkeit der Finanzmärkte größer als die der Outputmärkte und gleichzeitig die Zinselastizität der Geldnachfrage geringer als die der Investitionsnachfrage, so kehren sich die Ungleichheitszeichen in Gleichung (2.7) um:

(2.7a) $\delta A/\delta a_1 < 0$ wenn $\sigma^2{}_u/\sigma^2{}_v < -a_1/b_2$

In diesem Fall spricht eine gestiegene Zinselastizität der Investitionsnachfrage tendenziell für das Verfolgen einer Geldmengenpolitik, während eine gesunkene Zinselastizität tendenziell einer Zinspolitik den Vorrang gibt. Wie aber bereits ausgeführt wurde, kann allein auf theoretischer Basis nicht entschieden werden, ob sich infolge von Finanzinnovationen die Zinselastizität der Investitionsnachfrage verschiebt. Die theoretischen Argumente lassen zumindest keine große Änderung erwarten. Somit liefert die Anwendung des Poole-Kriteriums auf die von Finanzinnovationen verursachten strukturellen Änderungen im monetären und realen Sektor einer Volkswirtschaft den Schluß, daß tendenziell eine Zinspolitik weniger starke, durch die Geldpolitik induzierte Schwankungen im Volkseinkommen hervorruft als eine Geldmengenpolitik.

131 Natürlich kann ohne die genaue Kenntnis der empirischen Werte nicht geurteilt werden, ob der kritische Wert (A=1) überschritten ist, bei dem eine Zins- einer Geldmengenpolitik überlegen ist.

2.2 *Instabilität der Geldnachfrage: die Erfahrungen der USA*

In diesem Abschnitt soll geklärt werden, inwiefern sich die theoretischen Überlegungen zum Poole-Kriterium mit den Erfahrungen der USA decken. Dabei steht im Zentrum der Betrachtungen die Mitte der 70er und 80er Jahre wiederentfachte Diskussion um die Stabilität der Geldnachfrage bzw. der Umlaufsgeschwindigkeit. Es soll erörtert werden, ob und wie Finanzinnovationen die Geldnachfrage bzw. die Umlaufsgeschwindigkeit berührt haben. Zu diesem Zweck erscheint es geeignet, zunächst einmal die grundsätzlichen Schwierigkeiten aufzuzeigen, die bei einer Analyse der Entwicklung der Geldnachfrage auftreten.

2.2.1 Erfassungsprobleme

Bei Untersuchungen, die sich mit der Stabilität der Geldnachfrage beschäftigen, tauchen Probleme auf, die die Eindeutigkeit der Aussagen einschränken. Sie sind der Grund dafür, daß die Ergebnisse solcher Untersuchungen generell Widerspruch hervorrufen. Unter Ökonomen herrscht daher häufig weder Einigkeit über das beobachtete Phänomen noch über dessen Ursachen.

Zunächst einmal hängen die Ergebnisse der Untersuchungen über die Stabilität der Geldnachfrage von der Spezifikation der Geldnachfragefunktion ab. Gewöhnlich wird die "Standardgeldnachfragefunktion" vom Goldfeld-Typ (1973) benutzt. Danach wird die Nachfrage nach Realkasse als abhängig erklärt vom realen permanenten oder laufenden Volkseinkommen und einem oder mehreren Zinssätzen, die die Opportunitätskosten der Kassenhaltung widerspiegeln sollen. Bei der Konkretisierung der Opportunitätskosten ergeben sich allerdings weitreichende Probleme. In der Regel werden die kurzfristigen Geldmarktzinsen als die relevanten Opportunitätskosten der Geldhaltung angesehen. Diese Vorgehensweise ist aber nicht unstrittig. So plädieren etwa Hamburger (1977) und Poole (1987) für die Berücksichtigung des Ertrags von langfristigen Staatsschuldtiteln bzw. Aktien. Arango und Nadiri (1981) gehen noch einen Schritt weiter und nehmen zusätzlich das ausländische Zinsniveau als erklärende Variable in ihre Geldnachfragefunktion auf. Entsprechend der unterschiedlichen Spezifikation der Geldnachfragefunktion kommen diese Untersuchungen auch zu verschiedenen Ergebnissen bezüglich der Stabilität der Geldnachfrage. In jüngerer Zeit, bedingt durch Finanzinnovationen der Gruppe 1, nehmen die Schwierigkeiten bei der Ermittlung der Opportunitätskosten der Kassenhaltung noch zu. Ihre Bestimmung erstreckt sich nun nicht nur auf die Wahl des "richtigen" Alternativzinssatzes. Zudem muß die Eigenrate des Geldes korrekt erfaßt werden, was insbesondere dann Schwierigkeiten bereitet, wenn nur einige Komponenten eines Geldmengenaggregates eine Verzinsung bieten, die wie z.B. im Fall der amerikanischen Geldmenge M1 nicht einheitlich sein muß. Ist dies der Fall, so ist die Eigenrate des Geldes eine Funktion von Zinssätzen, Anteilen und Elastizitäten der entsprechenden Geldkomponenten. Eine derart komplexe Ermittlung der Ertragsrate des Geldes ist bisher in den Geldnachfragefunktionen unterblieben. Beispiele für eine unterschiedliche Handhabung bei der Bestimmung der Ertragsrate des Geldes bieten Roley (1985) und Porter, Spindt und Lindsey (1987).

Weitere Gründe für die Streitigkeiten über das Vorliegen einer stabilen Geldnachfrage liegen in der angewandten Methode und in dem gewählten Untersuchungszeitraum. Unterschiede in der Methode und im Untersuchungszeitraum führen häufig zu unterschiedlichen Ergebnissen. So finden beispielsweise Neumann und von Hagen (1987) mit einer zeitreihenanalytischen Vorgehensweise auf der Basis von Quartalsdaten für den Zeitraum von 1962 I – 1984 IV die Stabilitätshypothese für die Bundesrepublik Deutschland bestätigt. Demgegenüber gelangt Heri (1985) mit Hilfe der Methode der Vektorautoregression auf der Basis von Monatsdaten für den Zeitraum 1964 IV – 1983 XII zu einer Ablehnung dieser Hypothese.

Eine weitere Ursache des Zwistes besteht in der Schwierigkeit, Schwankungen der Geldnachfrage von jenen des Geldangebotes zu trennen.[132] Das beobachtbare Geldangebot entspricht nur dann der Geldnachfrage, wenn die Zentralbank eine Politik der Zinssteuerung verfolgt, bei der sich das Geldangebot völlig passiv an die Geldnachfrage anpaßt. Betreibt die Notenbank hingegen eine Geldmengenpolitik z.B. über den An- und Verkauf von Devisen, kann eine eventuelle Instabilität im beobachtbaren Geldvolumen der Volkswirtschaft auch durch die Geldpolitik selbst und nicht durch die Geldnachfrage hervorgerufen worden sein.

Zusätzlich zu diesen Schwierigkeiten kann auch noch die gewählte Gelddefinition das Untersuchungsergebnis beeinflussen. Es ist durchaus denkbar, daß die Geldnachfrage in einer engen Abgrenzung von z.B. M1 größeren Schwankungen unterliegt als die Geldnachfrage in einer weiten Abgrenzung von z.B. M3.

Eingedenk der hier erwähnten Schwierigkeiten kann die folgende Darstellung über die Stabilität der Geldnachfrage in den USA keinen Absolutheitsanspruch hegen. Es wird lediglich die unter Ökonomen vorherrschende Meinung wiedergegeben.

2.2.2 Ergebnisse

Untersuchungen über die Stabilität der Geldnachfrage zeigen, daß die Geldnachfragefunktion in der Mitte der 70er Jahre in den USA einen Bruch erfuhr. Für die Periode vor 1973 herrscht weitgehend Einigkeit darüber, daß die Geldnachfrage stabil war. In der Zeit nach 1973 kam die Periode des "missing money", in der die Geldnachfrage unerwartet stark zurückging. In den 80er Jahren kehrte sich dieser Trend wieder um. Die Zeit des "great velocity decline" begann.

---

132 Auf dieses Problem haben z.B. Gordon (1984) sowie Cooley und LeRoy (1981) hingewiesen.

In der Vor-1973-Periode spielte es keine wesentliche Rolle, ob ein enges (M1) oder ein breites (M2) Geldmengenaggregat den Untersuchungen zugrundelag. Auch schien für die längerfristige Stabilität der Geldnachfrage die Wahl des Zinssatzes von geringer Bedeutung zu sein. Lediglich in bezug auf die Frage, ob das laufende oder das permanente Einkommen in die Funktion aufgenommen werden soll, deuteten die Studien auf letzteres.[133]

In der Periode des "missing money" überschätzten die herkömmlichen Modelle die Geldnachfrage um 7% bis 12%.[134] Für diesen Rückgang in der Nachfrage nach Realkasse werden drei Ursachen verantwortlich gemacht:[135] das allgemeine ökonomische Umfeld, die schon erwähnten Erfassungsprobleme der Geldnachfragefunktion sowie das Auftreten von Finanzinnovationen.

In der Mitte der 70er Jahre war das allgemeine ökonomische Umfeld gekennzeichnet durch den ersten Ölpreisschock und als Folge davon durch besonders hohe Inflationsraten und Zinssätze. Beide Faktoren trugen zu dem Rückgang der Geldnachfrage bei. Wären sie allerdings die ausschlaggebenden Faktoren gewesen, würde man einen strukturellen Bruch auch in der Geldnachfragefunktion von anderen vom Ölpreisschock betroffenen Industrieländern erwarten. Eine ländervergleichende Studie von Boughton (1981) fand demgegenüber heraus, daß neben den USA lediglich Kanada einen solchen Bruch erfahren hatte, während er dies für Deutschland, Frankreich, Großbritannien und Japan nicht feststellen konnte. Folglich reicht das allgemeine ökonomische Umfeld als Erklärungsursache für den Rückgang in der Geldnachfrage nicht aus.

---

133 Einen Überblick über das Verhalten der Geldnachfrage vor 1973 gibt beispielsweise Laidler (1977).

134 Das davon bekannteste Modell – Goldfeld (1976) – überschätzte die Geldnachfrage für den Zeitraum von 1974 I – 1976 II um 8,7%.

135 Einen Literaturüberblick geben Judd und Scadding (1982).

Diejenigen, die die Erfassungsprobleme für den Bruch in der Geldnachfrage verantwortlich machen, setzen an den oben erwähnten Ansatzpunkten an. Judd und Scadding (1982) diskutieren in diesem Zusammenhang das Argument einer exogen determinierten Geldmenge. Schuld an dem Schwund wäre dann nicht eine instabile Geldnachfrage, sondern die Geldpolitik selbst. Ihr Hauptargument gegen diese Hypothese ist, daß die Federal Reserve Bank bis zum Oktober 1979 die Geldmenge über Variationen der Federal Fund Rate gesteuert hat. Die amerikanische Notenbank hat also tatsächlich eine Zinspolitik betrieben und die zu diesem Zinssatz bestehende Nachfrage nach Geld bedient. Laumas und Spencer (1980) setzen bei der Spezifikation der Einkommensvariablen an. Sie zeigen, daß die Prognosefehler der Goldfeld-Geldnachfragefunktion um 20 % reduziert werden, wenn anstelle des laufenden Einkommens das permanente Einkommen als erklärende Variable benutzt wird. Hamburger (1977) setzte bei seinem Versuch, die M1-Geldnachfragefunktion zu reparieren, an den Opportunitätskosten an. Er wählte als relevante Opportunitätskosten den langfristigen Zinssatz auf Staatsschuldtitel und das Dividenden-Kurs-Verhältnis (dividend price ratio) als Näherungsgröße für die Ertragsrate auf Aktien. Er konnte dadurch den Prognosefehler je nach Quartal zum Teil drastisch reduzieren. Jedoch zeigten Lindsey et al. (1981)[136], daß die Hamburger-Version der Geldnachfragefunktion nach 1977 falsche Ergebnisse prognostizierte. Außerdem müssen sich diejenigen, die die Instabilität der Geldnachfrage auf eine Fehlspezifikation zurückführen wollen, fragen, warum in der Periode vor 1973 derartigen Spezifikationsproblemen eine nur geringe Bedeutung zukam.

Der dritten Ursache, dem Auftreten von Finanzinnovationen, scheint die größte Bedeutung zuzukommen. Porter, Simpson und Mauskopf (1979) sowie Milbourne (1986) verweisen auf die von Finanzinnovationen bedingten geringeren Transaktionskosten (Finanzinnovationen der Gruppe 3) bei der Umschichtung von Geld in höher verzinsliche Aktiva.

---

136 Zitiert nach Judd und Scadding (1982).

Sie erlauben es den Portfoliobesitzern, weniger Kasse zu halten, und ihren Transaktionsbedarf über häufigere Transfers zwischen Geld und anderen Aktiva zu befriedigen. Die hohen Zinsen der Jahre 1973/4 veranlaßten viele Unternehmen dazu, die Fixkosten solcher Cash-Management-Systeme auf sich zu nehmen. Der vermehrte Gebrauch dieser Systeme erlaubte es wiederum den Finanzinstitutionen, Skalenerträge zu realisieren und deshalb Cash-Management-Leistungen billiger anzubieten. Als die Cash-Management-Systeme bei Nachfragern und Anbietern einmal implementiert waren, stieg die Geldnachfrage auch in einer Zeit sinkender Zinsen nicht wieder auf ihr ursprüngliches Niveau. Garcia und Pak (1979), Wenninger und Sivesind (1979) sowie Tinsley, Garrett und Friar (1981) verweisen zudem auf die Bedeutung neuer geldnaher Vermögensanlagen (Finanzinnovationen der Gruppe 2). Als bedeutendste unter diesen Anlagen werden Repurchase Agreements (RPs) genannt. Sie bieten Firmen die Übernachtanlage von Geldern zu Geldmarktzinsen an. Schließt man die RPs in die Gelddefinition M1 ein, so wird die Geldnachfragefunktion wesentlich stabiler zwischen 1973 und 1976.

Gegen diese Bedeutung der Finanzinnovationen für den Rückgang in der Nachfrage nach Realkasse wenden Farr, Porter und Pruitt (1978) allerdings ein, daß die Innovationen allein im Unternehmenssektor stattgefunden haben. Folglich wäre zu erwarten, daß die Geldnachfragefunktion der Haushalte stabil geblieben wäre. Dies war aber nicht der Fall. Die Geldnachfrage der Haushalte sank prozentual nahezu um genauso viel wie die der Unternehmen. Daher schließen diese Autoren, daß auch noch andere Faktoren eine Rolle gespielt haben. Eine Erklärungsmöglichkeit hierfür bietet White (1976). Er argumentiert, daß der zunehmende Gebrauch der Kreditkarten (Finanzinnovationen der Gruppe 2) es den Haushalten erlaubt, geringere Beträge auf ihren Sichtguthaben zu halten. Akzeptiert man diese Erklärung, so gelangt man mit Goldfeld und Sichel (1990) zu dem Schluß, daß die Periode des "missing money" in den 70er Jahren vor allem dem vermehrten

Aufkommen und Gebrauch von Finanzinnovationen zuzuschreiben ist.[137]

Die Periode des "great velocity decline" lag zwischen 1982 und 1986. Tabelle 18 gibt Auskunft über das Ausmaß des Rückgangs der Umlaufsgeschwindigkeit (V) in diesem Zeitraum.[138] Den stärksten Fall erfuhr die Umlaufsgeschwindigkeit 1986, als sie gegenüber dem Vorjahr um 9,8% zurückging. Insgesamt fiel sie in dieser Periode um 16,3%, anstatt ihrem langfristigen Trend gemäß um rund 15% zu wachsen. Die Ursache für den Rückgang in der Umlaufsgeschwindigkeit lag in der starken Expansion der Geldmenge M1. 1986 beispielsweise wuchs die Geldmenge M1 um 16,9%. Außerdem zeigt Tabelle 18, daß die Umlaufsgeschwindigkeit in diesen Jahren nicht stabil war. Während sie 1983 um 2% fiel, stieg sie 1984 um 4,7% und sank 1985 dann wieder um 5,1%.

Tabelle 18: Entwicklung der Umlaufsgeschwindigkeit in den USA, 1981-1988

Jahr	BSP %*	M1 %*	V	V %*
1981	11,7	6,5	6,83	4,91
1982	3,7	8,7	6,51	-4,7
1983	7,6	9,8	6,38	-2,0
1984	10,8	5,8	6,68	4,7
1985	6,4	12,2	6,34	-5,1
1986	5,4	16,9	5,72	-9,8
1987	6,9	3,7	5,90	3,1
1988	7,9	5,0	6,07	2,9

* Veränderung gegenüber Vorjahr

Quelle: OECD (1990)

137 "While we discuss more fully below the reasons for the empirical shortcommings we observe that, briefly put, the immediate post-1974 period of the missing money has been largely attributed to the effects of financial innovation." Goldfeld und Sichel (1990), S. 305.

138 Die Umlaufsgeschwindigkeit ist hier definiert als BSP/M1. Das BSP ist dabei gemessen zu laufenden Preisen.

Die Ursachenforschung für diese Entwicklung in der Umlaufsgeschwindigkeit setzt wieder an den bekannten Ansatzpunkten an: ökonomische Rahmenbedingungen, Erfassungsprobleme und Finanzinnovationen.

Im Zusammenhang mit den ökonomischen Rahmenbedingungen als Erklärungsursache für das "Umlaufsgeschwindigkeitsrätsel" wird vor allem auf die sinkenden Inflationsraten und Zinsen in den 80er Jahren verwiesen. Wie Tabelle 19 zeigt, sanken die Inflationsraten von 13,6% im Jahre 1980 auf 1,6% im Jahre 1986. Ebenso sanken die langfristigen Zinsen auf Staatsschuldtiteln in diesem Zeitraum von 11,9% auf 7,7%, und die kurzfristigen Renditen fielen von 15,5% auf 5,5%. Fallende Zinsen und Inflationsraten verringerten die Opportunitätskosten der Kassenhaltung und waren wahrscheinlich die Hauptursache für den starken Rückgang der Umlaufsgeschwindigkeit. Demzufolge lag dem Rückgang der Umlaufsgeschwindigkeit keine Instabilität der Geldnachfragefunktion zugrunde, sondern er war das Resultat sich verändernder Determinanten der Geldnachfragefunktion. Diese Argumentation wird auch gestützt durch eine länderübergreifende Untersuchung von Fair (1987). Er stellte in 13 von 17 OECD Ländern zu Anfang der 80er Jahre eine ähnliche Entwicklung in bezug auf die Geldnachfrage fest. McGibany und Nourzad (1985) führen außerdem die zu Beginn der 80er Jahre in den USA erfolgten Steuersenkungen an. Sie hätten das verfügbare Einkommen der Haushalte erhöht und so die Geldnachfrage vergrößert. Dieser Argumentation halten Stone und Thornton (1987) allerdings entgegen, daß seit 1982 das Verhältnis von verfügbarem Einkommen zum Bruttosozialprodukt abgenommen habe. Ein Anstieg im verfügbaren Einkommen könne daher nicht als Erklärungsursache dienen.

Tabelle 19: Inflation und Zinsen in den USA, 1980-1986

Jahr	1980	1981	1982	1983	1984	1985	1986
Inflation*	13,6	10,2	6,2	3,1	3,4	3,5	1,6
Bond Rate	11,9	12,9	10,3	11,4	11,2	9,6	7,7
Bill Rate	15,5	10,9	7,9	9,0	8,1	7,1	5,5

* Veränderungen gegenüber Vorjahr in %

Quelle: OECD (1990)

Ein Vertreter derjenigen, die das "Umlaufsgeschwindigkeitsrätsel" auf eine Fehlspezifikation der Geldnachfragefunktion zurückführen, ist Poole (1987). Seiner Meinung nach kann das Fehlen der langfristigen bond rate in den meisten Geldnachfragefunktionen für den Rückgang der Umlaufsgeschwindigkeit verantwortlicht gemacht werden. Dem widerspricht allerdings Rasche (1987). Er zeigt, daß der Bruch in der Geldnachfrage auch bei Berücksichtigung der langfristigen Zinsen auftritt, wenn der Untersuchungszeitraum über 1985 hinaus verlängert wird. Stone und Thornton (1987) sowie Radecki und Wenninger (1985) diskutieren die Möglichkeit, daß das Bruttosozialprodukt nicht das relevante Maß ist, um die Anzahl an Transaktionen zu erfassen. Wenn Geld aber nachgefragt wird, um tägliche Transaktionen durchzuführen, dann ist die Wahl des richtigen Transaktionsmaßes entscheidend. Die Wahl des Bruttosozialproduktes hat dabei den Nachteil, daß es nur Endprodukte erfaßt. Transaktionen in Zwischenprodukten werden nicht berücksichtigt. Bei der Wahl des Bruttosozialproduktes als Transaktionsmaß führt folglich ein Anstieg in der Lagerhaltung zu einem Fall der Umlaufsgeschwindigkeit. Doch auch die Verwendung eines Maßes, das die Veränderungen in der Lagerhaltung entsprechend berücksichtigt, weist einen ebenso starken Rückgang der Umlaufsgeschwindigkeit auf. Stone und Thornton zeigen außerdem, daß die Verwendung des permanenten Einkommens anstelle des Bruttosozialproduktes den Rückgang der Umlaufsgeschwindigkeit verringert. Offensichtlich erwarteten die Wirtschaftssubjekte einen Anstieg ihres permanenten Einkommens am Anfang der 80er Jahre, was wiederum auf die verbesserten allgemeinen Rahmenbedingungen zurückzuführen ist. Dennoch bleibt auch unter Verwendung des permanenten Einkommens der Fall der Umlaufsgeschwindigkeit erheblich. Fehlspezifikationen beim Erfassen der Umlaufsgeschwindigkeit bzw. der Geldnachfragefunktion scheinen daher keine ausreichende Erklärung zu bieten bzw. nur eine geringe Bedeutung zu haben.

Die Finanzinnovationen der Gruppe 1 (Verzinsung der Transaktionskasse) werden als weiterer Faktor für die Erklärung des Rückgangs der Umlaufsgeschwindigkeit herangezogen. Es wird argumentiert, daß die allgemeine Zulassung der in M1 erfaßten NOW-Konten im ersten Quartal 1981 zur Verlangsamung der Umlaufsgeschwindigkeit von M1 beigetragen hat.[139] Die verzinsten NOW-Konten haben einerseits innerhalb der Transaktionskasse zu einer Umschichtung geführt. Bargeld und vor allem unverzinste Sichtguhaben sind zu ihren Gunsten abgebaut worden, was sich auch anfänglich in einer entsprechenden Erhöhung der Umlaufsgeschwindigkeit der Geldmenge M1A niedergeschlagen hat.[140] Andererseits haben die verzinslichen Transaktionskonten bewirkt, daß die Geldmenge M1 nun auch Teile der aus dem Vermögensmotiv induzierten Geldhaltung umfaßt. Es hat Umschichtungen von anderen Vermögensanlagen hin zu verzinslichen Transaktionskonten gegeben. Dieser Vorgang wurde laut Burger (1988) sowie Hetzel und Mehra (1989) durch das Verhalten der Finanzinstitute noch bekräftigt. Während die übrigen Marktzinsen in der Zeit nach 1982 kontinuierlich fielen, wurden die Zinszahlungen auf NOW-Konten nur verzögert zurückgenommen.[141] Die Verlangsamung der Umlaufsgeschwindigkeit

---

139 Vgl. z.B. Miller (1986), Stone und Thornton (1987) sowie Baba, Hendry und Starr (1992).

140 Die Geldmenge in der Abgrenzung M1A umfaßt Bargeld und die unverzinsten Sichtguthaben.

141 Zur Entwicklung der Zinszahlungen auf NOW-Konten im Vergleich zu anderen Vermögensanlagen vergleiche Wenninger (1986).

von M1 beruhte demnach auf dem sich schließenden "spread" zwischen den Erträgen auf Transaktionskonten und alternativen Vermögensformen. Rasche (1987) bemerkt, daß sich die Umlaufsgeschwindigkeiten von M1 und M1A lediglich zwischen 1981 und 1983 konträr entwickelt haben. Ab 1985 ist ein parallel verlaufender Rückgang in der Umlaufsgeschwindigkeit sowohl für M1 als auch für M1A festgestellt worden. Deshalb folgert er, daß die Zulassung verzinslicher Transaktionskonten allein das Rätsel nicht lösen kann. Vielmehr ist der Rückgang in der Umlaufsgeschwindigkeit von M1 sowohl auf die Einführung verzinslicher Transaktionskonten als auch auf das sich verbessernde ökonomische Umfeld zurückzuführen.[142]

Akzeptiert man diese Interpretation des Rückgangs der Umlaufsgeschwindigkeit von M1, so bleibt noch zu klären, welche Ursachen ihren Schwankungen zugrundelagen. Zum Teil können diese Schwankungen auf Variationen in den Determinanten der Geldnachfrage zurückgeführt werden. Wie die vorigen Tabellen zeigen, zogen 1984 parallel zum Anstieg in der Umlaufsgeschwindigkeit die Inflationsrate und das Zinsniveau an. Nach Ansicht von Rasche (1987) sowie Stone und Thornton (1987) trugen aber auch Finanzinnovationen der Gruppe 1 zu den Schwankungen in der Geldnachfrage bei. Entgegen der oben durchgeführten modelltheoretischen Analyse, die als Folge von Finanzinnovationen der Gruppe 1 eine verminderte Zinselastizität der Geldmenge M1 voraussagt, stieg die Zinselastizität von M1 in den USA zu Anfang der 80er Jahre. Dies resultierte aus den Zinsobergrenzen, denen auch die verzinslichen Transaktionskonten unterlagen. In Zeiten hoher Zinsen wurden die Zinsobergrenzen zu quasi Fixsätzen. Wie z.B. Corcoran und Wachtenheim (1984) sowie Birchler und Kästli (1987) zeigen, erhöhen fixe Zinszahlungen auf Transaktionskonten die Zinselastizität der betreffenden Geldmenge. Der Grund dafür besteht in der Verringe-

---

142 In diesem Sinne folgern Baba, Hendry und Starr (1992), S. 53: "The essential reasons for the increased demand are clear in the present model: declining bond and bill interest rates, steady low inflation, and adjustment by wealth holders to the availability of NOW and SuperNOW accounts."

rung der Differenz zwischen dem Zinssatz auf Transaktionskonten und dem relevanten Alternativzinssatz. Bei vermindertem Abstand zwischen beiden Zinssätzen bedeutet eine Änderung des Alternativzinssatzes eine um so höhere prozentuale Änderung eben dieser für die Liquiditätshaltung relevanten Zinsdifferenz.

Pierce (1984) sowie Baba, Hendry und Starr (1992) geben der Geldpolitik die Schuld für die Schwankungen in der Umlaufsgeschwindigkeit. Im Oktober 1979 verkündete das Federal Reserve System das New Operating Procedure. Danach wechselte die amerikanische Notenbank von einer Zinspolitik zu einer Politik der Geldmengensteuerung. Als Folge davon nahm die Volatilität der Zinsen und der Geldnachfrage zu. Dieser Argumentation hält jedoch Rasche (1987) entgegen, daß der Bruch in der Geldnachfrage erst 1981 nach der landesweiten Einführung der NOW-Konten erfolgte. Wäre das New Operating Procedure schuld gewesen, hätte der Bruch schon 1979 auftreten müssen. Außerdem erschien der größte Anstieg in der Zinsvolatilität am Ende von 1979 bzw. am Anfang von 1980. Seit 1982, als die Schwankungen der Geldnachfrage auftraten, waren die Zinsen keinen größeren Schwankungen unterlegen als im Durchschnitt der 70er Jahre. Am plausibelsten erscheint daher die Erklärung, daß die Zinselastizität der Nachfrage nach M1 in der Zeit von 1982 bis 1986 zugenommen hat.

Zusammenfassend kann festgehalten werden, daß Finanzinnovationen vor allem für die Instabilität der Geldnachfrage in der Mitte der 70er Jahre verantwortlich waren. Das ökonomische Umfeld und etwaige Fehlspezifikationen der Geldnachfragefunktion spielten eine geringe Rolle. Finanzinnovationen der Gruppen 2 und 3 trugen zu einer fortschreitenden Ökonomisierung des Geldes bei. Insofern die neuen, geldnahen Anlageformen nicht in den Geldmengenabgrenzungen berücksichtigt waren, führten die wegen geringer Transaktionskosten häufig vorgenommenen Umschichtungen zwischen Geld und geldnahen Aktiva zu erratischen Schwankungen in der Geldnachfrage. Demgegenüber war für den Rückgang der Umlaufsgeschwindigkeit in den 80er Jahren vor allem ein verbessertes ökonomisches Umfeld verantwortlich, das durch drastisch fallende Zinsen und Inflationsraten gekennzeichnet war. Finanzinnovationen der Gruppe 1 berührten insofern das Geldnachfrageverhalten der Wirtschaftssubjekte, als die Einführung von Zinszahlungen auf Transaktionskonten zu einem Abbau der Bargeldquote führte. Als die Zinszahlungen auf Transaktionskonten langsamer sanken als die anderen Vermögensaktiva, wurden außerdem die Portefeuilles überproportional zugunsten der Transaktionskonten umstrukturiert. Dies blähte die Geldmenge M1 auf und verlangsamte ihre Umlaufsgeschwindigkeit.

Die Erfahrungen der USA bestätigen die oben gefaßten theoretischen Überlegungen. Finanzinnovationen erhöhen zumindest temporär die Instabilität des monetären Sektors. Sie verschieben dadurch die Vorteilhaftigkeit des geldpolitischen Zwischenziels zugunsten des Zinssatzes. Ein Unterschied besteht allerdings zwischen den Erfahrungen der USA und den zu erwartenden Entwicklungen in der Bundesrepublik Deutschland. Er liegt in der entgegengesetzten Reaktion der Zinselastizität der Geldnachfrage. Während in den USA aufgrund der Zinsobergrenzen, die erst 1986 endgültig fielen, die Zinselastizität der Geldnachfrage zunahm, ist aus den modelltheoretischen Überlegungen zu schließen, daß sie in der Bundesrepublik abnehmen wird. Wie aus den Ausführungen zum Poole-Kriterium ersichtlich ist, unterstützt die abnehmende Zinselastizität die Vorteilhaftigkeit einer Zinspolitik.

III. Finanzinnovationen und das monetäre Konzept der Deutschen Bundesbank

In diesem Kapitel geht es darum, die theoretischen Ausführungen für das geldpolitische Konzept der Deutschen Bundesbank nutzbar zu machen. Im Mittelpunkt steht also die Frage, welche konkreten Anpassungen die Bundesbank in ihrem monetären Konzept als Reaktion auf die zum Teil bereits eingetretenen, zum Teil in Kürze erwarteten Finanzinnovationen vornehmen sollte. Zu diesem Zweck wird zunächst das geldpolitische Konzept der Bundesbank dargestellt. Dabei erscheint es geeignet, zwischen Zielen, Zwischenzielen und Instrumenten der Bundesbankpolitik zu unterscheiden. Das Ausmaß an Zielerreichung ist natürlich das entscheidende Kriterium zur Beurteilung der Bundesbankpolitik. Da die Geldpolitik aber auf ihre Ziele keinen direkten Einfluß hat, werden Zwischenziele formuliert, von denen vorhersehbare Impulse auf die Zielgrößen ausgehen sollen. Das Erreichen der selbstgesetzten Zwischenziele über einen richtigen Einsatz des geldpolitischen Instrumentariums dient daher heute als vorrangiges Kriterium für die Güte einer Notenbankpolitik.

Während die Ziele der Bundesbankpolitik als unveränderlich angenommen werden müssen, setzen die von Finanzinnovationen induzierten notwendigen Anpassungsreaktionen bei den Zwischenzielen und dem Gebrauch der geldpolitischen Instrumente an. Im zweiten Teil des Kapitels geht es also konkret um die Beantwortung der Fragen, ob die Bundesbank an ihrem heutigen Geldmengenziel auch in Zukunft festhalten soll und ob ein veränderter Einsatz ihres geldpolitischen Instrumentariums notwendig bzw. von Vorteil für das Erreichen ihrer Ziele ist. Zur Beantwortung dieser Fragen werden die bekannten Kriterien Kontrollierbarkeit und Endzielbezug von Geldmengenzielen durch die Bundesbank herangezogen und diskutiert. Außerdem werden die Folgen einer veränderten Interpretation von Geldmengenbewegungen (Indikatorwirkung) für das bestehende Bundesbank-Konzept erörtert.

1. Das monetäre Konzept der Deutschen Bundesbank

1.1 Ziele der Bundesbank

Artikel 88 GG gibt dem Bund vor, eine Währungs- und Notenbank als Bundesbank zu errichten. Diesem Auftrag hat der Gesetzgeber 1957 durch den Erlaß des Gesetzes über die Deutsche Bundesbank entsprochen. Dieses Gesetz regelt sowohl Aufgaben und Organisation der Bundesbank als auch das Verhältnis zwischen Bundesbank und Bundesregierung.

Laut § 3 BBankG besteht die Aufgabe der Bundesbank darin, den Geldumlauf und die Kreditversorgung der Wirtschaft zu steuern mit dem Ziel, die Währung zu sichern. Diese Aufgabe interpretiert die Bundesbank als Sicherung des Geldwertes nach innen und nach außen.[143] Den binnenwirtschaftlichen Stabilitätsbegriff setzt sie mit dem Begriff der Preisniveaustabilität gleich. Den Begriff der Stabilität des Außenwertes versteht die Bundesbank in einem System flexibler Wechselkurse als Kaufkraftstabilität. Danach soll der Außenwert der D-Mark der Kaufkraftparität entsprechen. Bei Preisniveaustabilität im Inland bedeutet dies eine von Zeit zu Zeit notwendige Aufwertung der D-Mark, wenn im Ausland inflationiert wird.

Das Verhältnis zwischen Bundesbank und Bundesregierung regeln §§ 12 und 13 BBankG. Danach ist die Bundesbank unter Wahrung ihrer Aufgabe verpflichtet, die allgemeine Wirtschaftspolitik der Bundesregierung zu unterstützen. Dennoch ist sie von Weisungen der Bundesregierung unabhängig. Bei eventuellen Konfliktsituationen mit der Bundesregierung hat die Bundesbank sich eindeutig auf die Seite der Geldwertstabilität zu schlagen. Längerfristig sieht die Bundesbank ein solches Konfliktpotential allerdings nicht gegeben, da einerseits die theoretische Diskussion um die Phillips-Kurve und andererseits die Er-

---

143 Zu diesen Ausführungen vergleiche Deutsche Bundesbank (1989).

fahrungen der 70er Jahre die Behauptung widerlegt haben, der Beschäftigungsgrad einer Volkswirtschaft könne durch das Betreiben einer inflationären Politik dauerhaft angehoben werden. Vielmehr sieht die Bundesbank in der Wahrung der Preisniveaustabilität eine wichtige Voraussetzung für ein stabiles und stetiges Wirtschaftswachstum.

1.2 Indikator- und Zwischenzielverständnis der Bundesbank

Das geldpolitische Konzept der Deutschen Bundesbank basiert nicht einseitig auf dem Gedankengut einer bestimmten monetären Schule. Die Bundesbank lehnt eine dogmatische Befolgung theoretischer Ideen grundsätzlich ab. Zu sehr spielen in ihrem Konzept pragmatische Überlegungen eine Rolle, als daß eine reine Theorie in der Praxis Anwendung fände. Dennoch will die Bundesbank glaubwürdig und kalkulierbar sein. Deshalb verfolgt sie eine mittelfristige Strategie der Geldmengensteuerung, die ihr einerseits genügend Flexibilität einräumen soll, um auf aktuelle monetäre Entwicklungen zu reagieren, und die ihr andererseits die für eine hohe Glaubwürdigkeit notwendige Stetigkeit geben soll.[144]

Ausgangspunkt des Bundesbank-Konzeptes bildet die Erkenntnis, daß Inflation längerfristig ein monetäres Phänomen darstellt. Folglich kommt der Kontrolle des nationalen Geldvolumens die zentrale Bedeutung zu. Zu diesem Zweck wählt die Bundesbank ein Geldmengenaggregat als Zwischenziel, das sie einerseits gut kontrollieren kann und das andererseits in einem engen Zusammenhang mit ihrem Endziel, dem Preisniveau, steht. Beide Eigenschaften des Zwischenziels – Kontrollierbarkeit und Endzielbezug – begründen außerdem dessen Indikatorwirkung. Bewegungen im Geldvolumen können als Informa-

---

144 "The major concern of monetary policy must nevertheless be to remain calculable and trustworthy. This requires a clear conceptual orientation and this is provided by a medium-term potential-oriented strategy of monetary targeting." Kloten (1992), S. 49.

tionsträger des geldpolitischen Kurses gewertet werden, sowie als Frühindikator etwaiger inflationärer Störungen.[145] Zur richtigen Interpretation des geldpolitischen Kurses bedarf es allerdings noch der Kenntnis konkreter Zielvorgaben, die die Bundesbank in bezug auf die Geldmengenentwicklung anstrebt. Zu diesem Zweck veröffentlicht die Bundesbank seit dem Dezember 1974 Geldmengenziele, die anzeigen, um wieviel Prozent ein bestimmtes Geldmengenaggregat jährlich wachsen soll. Überschießt das tatsächliche Geldmengenwachstum das geplante, ist mit einer restriktiveren Politik der Bundesbank zu rechnen, und umgekehrt. Die Ankündigung jährlicher Geldmengenziele kann somit als teilweise Umsetzung der monetaristischen Forderung gewertet werden, "diskretionäre Geldpolitik zugunsten einer auf Verstetigung angelegten Regelbindung aufzugeben".[146]

Bei der Formulierung des Geldmengenziels geht die Bundesbank von der erwarteten Zuwachsrate des Produktionspotentials und der angestrebten Veränderung in der Potentialauslastung aus. Gegebenenfalls toleriert sie noch einen Zuschlag für den als unvermeidbar angesehenen Anstieg des Preisniveaus (normative Preisvorgabe). Die so ermittelte jährliche Zuwachsrate der Geldmenge wird dann noch um erwartete Veränderungen in der Umlaufsgeschwindigkeit des Geldes korrigiert.[147]

Das Geldmengenziel der Bundesbank bezieht sich seit 1988 auf die Geldmenge in der Abgrenzung M3. Davor hatte die Bundesbank die Zentralbankgeldmenge als relevantes Zwischenziel gewählt. Beide Geldmengenaggregate enthalten dieselben Geldkomponenten Bargeld, Sicht-, Termin- und Spareinlagen. Lediglich in der Gewichtung der einzelnen Komponenten unterscheiden sie sich. In die Geldmenge M3 gehen alle vier Komponenten zu 100 % ein. Die Zentralbankgeld-

---

145 Geisler (1986) bestätigt für die Bundesrepublik Deutschland die Kausalitätsbeziehung zwischen Geldmenge und Sozialprodukt auch für weite Geldmengenaggregate.

146 Schlesinger (1988), S. 8.

147 Vgl. hierzu auch Issing (1992).

menge hingegen erfaßt den Bargeldbestand zu 100 % und die übrigen Bestandteile zu den jeweiligen Reservesätzen von 1974, d.h. Sichteinlagen zu 16,6 %, Termineinlagen zu 12,4 % und Spareinlagen zu 8,1 %. Als Folge dieser Gewichtung reagiert die Zentralbankgeldmenge wesentlich stärker auf Schwankungen im Bargeldumlauf als die Geldmenge M3. Anhaltende Schwankungen im Bargeldumlauf waren dann auch der Grund für den Wechsel im monetären Zwischenziel der Bundesbank.[148]

Tabelle 20 gibt Aufschluß über das Erreichen der Geldmengenziele von 1975 bis 1992. In diesen 18 Jahren hat die Bundesbank zehnmal ihr Geldmengenziel verfehlt. Ihre Erfolgsquote stieg allerdings deutlich, als sie 1979 die Ankündigung eines punktuellen Geldmengenziels aufgab und zu einem Zielkorridor überging. In den darauf folgenden 14 Jahren konnte die Bundesbank achtmal das Geldmengenwachstum innerhalb ihres Zielkorridors halten. Weiterhin mag eingewendet werden, daß sie 1981 und 1991 ihr Geldmengenziel nur knapp verfehlte. In den Jahren 1986 bis 1988 verfehlte sie es dagegen deutlich. Der Grund hierfür lag, wie Kloten (1992) ausführt, in den Turbulenzen, die sich an den Devisenmärkten abspielten. Wechselkurs- und zinsbedingte Schwankungen in der Bargeldnachfrage und der massive spekulative Zufluß ausländischen Kapitals, der sich vor allem in einem Anstieg der kürzerfristigen Termingelder niederschlug, führte zum Verfehlen des Geldmengenziels in diesen Jahren. Allerdings wirkte die Aufwertung der D-Mark preisniveaustabilisierend, was die Bundesbank zu einer abwartenden Haltung gegenüber der Geldmengenentwicklung bewog.[149] Den Zufluß spekulationsbedingter Auslandsgelder machte die

---

148 Zum Wechsel des Zwischenziels führt die Deutsche Bundesbank (Oktober 1988) aus: "In der gegenwärtigen Zins- und Wechselkurssituation ist zu befürchten, daß die Ausweitung des Bargeldumlaufs weiterhin aus dem Rahmen fällt und damit zu Mißverständnissen über die Geldpolitik der Bundesbank Anlaß geben könnte. Es erschien deshalb ratsam, zur Geldmenge M3 überzugehen, die wegen des geringen Bargeldanteils (von rd. 11 %) auf Zins- und Wechselkursausschläge weniger ausgeprägt reagiert als die Zentralbankgeldmenge."

149 1986 beispielsweise wertete sich die D-Mark gegenüber dem Dollar real um 32 % auf, und die Konsumentenpreise fielen gegenüber 1985 um 0,2 %.

Bundesbank auch für das Verfehlen des Geldmengenziels 1992 verantwortlich.

Tabelle 20: Geldmengenziele und ihre Realisierung, 1975 - 1991

Jahr	Geldmengenziel* in %	Geldmengenentwicklung* in %	Ziel erreicht?
1975	8	10,0	nein
1976	8	9,2	nein
1977	8	9,0	nein
1978	8	11,4	nein
1979	6 - 9	6,4	ja
1980	5 - 8	4,9	ja
1981	4 - 7	3,6	nein
1982	4 - 7	6,2	ja
1983	4 - 7	7,0	ja
1984	4 - 6	4,6	ja
1985	3 - 5	4,5	ja
1986	3,5 - 5,5	7,7	nein
1987	3 - 6	8,0	nein
1988	3 - 6	6,7	nein
1989	ca. 5	4,7	ja
1990	4 - 6	5,6	ja
1991	3 - 5	5,2	nein
1992	3,5 - 5,5	9,4	nein

* jeweils vom 4. Quartal des Vorjahres (Durchschnittswert) bis zum 4. Quartal des folgenden Jahres

Quelle: Monatsberichte, Deutsche Bundesbank

1.3 Geldpolitische Instrumente

Zur richtigen Interpretation bundesbankpolitischer Maßnahmen bedarf es auch Klarheit darüber, mit welchen Mitteln die Bundesbank das Wachstum der Geldmenge steuert. Das Verständnis der Bundesbank über die Transmission monetärer Impulse zeigt Abbildung 17. Sowohl Veränderungen im Geldvolumen M als auch die Höhe der langfristigen Zinsen r_{lf} wirken auf die Höhe des Nominaleinkommens. Ein Anstieg des Geldvolumens und eine Senkung des Zinsniveaus führen zu einem Anstieg im Sozialprodukt. Die Bundesbank verzichtet allerdings weitgehend auf eine direkte Steuerung der langfristigen Zinsen r_{lf} durch Offenmarktgeschäfte am Kapitalmarkt. Sie befürchtet, daß solche Geschäfte in langfristigen Staatspapieren den Verdacht aufkommen ließen, die Bundesbank helfe bei der Finanzierung öffentlicher Haushaltsdefizite. Sie konzentriert sich demgegenüber auf die Geldmengensteuerung.

Die Bundesbank beeinflußt die Geldmenge vor allem über die Steuerung der kurzfristigen Zinsen am Geldmarkt r_{kf} und über liquiditätspolitische Maßnahmen L. Man unterscheidet dabei Instrumente der Grob- und der Feinsteuerung. Die Instrumente der Grobsteuerung (Diskont-, Lombardsatz, Mindestreserven, Rediskontkontigente) sollen den Geldmarkt längerfristig beeinflussen. Entsprechend nachhaltig sind die Signalwirkungen, die von dem Einsatz dieser Instrumente ausgehen. Demgegenüber dienen die Instrumente der Feinsteuerung (Wertpapierpensionssatz, Schatzwechselabgabesatz, Abgabe und Rücknahme von Mobilisierungs und Liquiditätspapieren, Einlagenpolitik) dazu, temporäre Schwankungen in der Bankenliquidität auszugleichen.[150]

---

150 Eine detaillierte Darstellung des Instrumentariums der Bundesbank findet sich in Deutsche Bundesbank (1989).

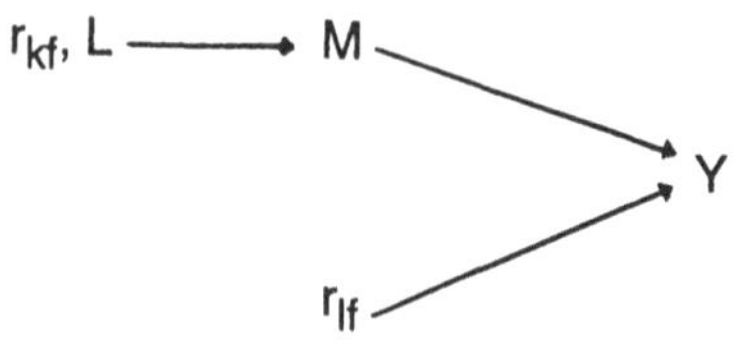

Abbildung 17: Das Transmissionsverständnis der Bundesbank

Die Geldmarktgeschäfte tätigt die Bundesbank ausschließlich mit Geschäftsbanken. Sie geht davon aus, daß Zins- und Liquiditätsveränderungen von den Banken weitergegeben werden und in entsprechenden Veränderungen der Kreditzinsen ihren Niederschlag finden. Höhere Kreditzinsen verringern dann das nachgefragte Geldvolumen und umgekehrt. Die Abweichung zwischen verkündeten und realisierten Geldmengenziel mißt dabei den Erfolg dieser Politik und zeigt an, in welche Richtung die Instrumente der Bundesbank voraussichtlich eingesetzt werden.

Für die weitere Diskussion ist es von Bedeutung, das deutsche Mindestreservesystem zu kennen, da hier Reformvorschläge anknüpfen. Deshalb wird an dieser Stelle auf das Instrument der Mindestreserve näher eingegangen.[151]

Das Mindestreserveinstrument wurde 1986 neu geregelt. Seither fallen unter die Reservepflicht Buchverbindlichkeiten mit einer Befristung von weniger als vier Jahren sowie Verbindlichkeiten aus Inhaberschuldverschreibungen mit einer Befristung von weniger als zwei Jahren. Verbindlichkeiten, die gegenüber selbst reservepflichtigen Kreditinstituten bestehen, sind allerdings von der Reservepflicht ausgenommen.

Innerhalb der reservepflichtigen Verbindlichkeiten werden die Sichtverbindlichkeiten, die befristeten Verbindlichkeiten und die Spareinlagen unterschieden. Sichtverbindlichkeiten stellen Verbindlichkeiten mit ei-

151 Dazu vergleiche auch Deutsche Bundesbank (1989). Zur historischen Entstehung der Mindestreserve in Deutschland vergleiche Schwolgin (1986).

ner Laufzeit oder Kündigungsfrist von weniger als einem Monat dar. Demgegenüber versteht man unter den befristeten Verbindlichkeiten solche mit einer Laufzeit oder Kündigungsfrist von mindestens einem Monat. Zu dieser Art von Verbindlichkeiten zählen auch die Schuldverschreibungen.

Die Differenzierung nach Art der Verbindlichkeiten orientiert sich an dem Liquiditätsgrad der verschiedenen Bankeinlagen. Wie Tabelle 21 zeigt, sind die Reservesätze für Sichteinlagen am höchsten und für Spareinlagen am niedrigsten. Die Reservesätze für Sichteinlagen weisen zudem noch drei Progressionsstufen auf, die ursprünglich für alle Arten von Verbindlichkeiten galten, 1986 aber für befristete Verbindlichkeiten und Spareinlagen abgeschafft wurden.

Tabelle 21: Aktuelle deutsche Mindestreservesätze (in %)

	Sicht- verbindlichkeiten	Befristete Verbindlichkeiten	Spar- einlagen
0- 10 Mio DM	6,6	4,95	4,15
10-100 Mio DM	9,9	4,95	4,15
über 100 Mio DM	12,1	4,95	4,15

Quelle: Deutsche Bundesbank (1989)

2. Beeinträchtigung des Bundesbank-Konzeptes

2.1 Einhalten von Geldmengenzielen

Das Aufstellen und Einhalten von Geldmengenzielen bildet den Kern des monetären Konzeptes der Deutschen Bundesbank. Der Erfolg dieser Politik setzt zunächst voraus, daß die Bundesbank die Geldmenge kontrollieren kann. Anders als unter den Annahmen des Poole-Kriteriums, nach denen die Notenbank vollständige Information und Kontrolle über die Geldmenge besitzt, Daten über die Entwicklung des Sozialproduktes aber erst mit zeitlicher Verzögerung erhält, besteht in der Realität auch ein zeitweiser Mangel an Information über die Entwicklung der Geldmenge. Dies hat zur Folge, daß im Gegensatz zu der Modellwelt des Poole-Kriteriums in der Wirklichkeit die Kontrolle über die Geldmenge nicht nur von der Geldnachfrage-, sondern auch von der Geldangebotsseite her in Frage gestellt wird.

Für die Geldmenge in der Abgrenzung von M1 ist bereits dargelegt worden, daß Finanzinnovationen die Zinselastizität der Geldnachfrage vermindern.[152] Zwar steigt die Zinselastizität der Nachfrage nach Bargeld; jedoch überwiegt im Gesamteffekt die fallende Zinselastizität der Nachfrage nach Depositen. Da der Anteil des Bargelds an der Geldmenge M1 im Verhältnis zu breiteren Geldmengenabgrenzungen recht hoch ist, kann davon ausgegangen werden, daß weite Geldmengenaggregate, wie z.B. das von der Bundesbank als Zwischenziel gewählte Aggregat M3, noch unelastischer auf Zinsänderungen reagieren als die Geldmenge M1. Dies erschwert die Politik der Bundesbank, die die Geldmenge vor allem über Zinsvariationen steuert. Im Lichte von Finanzinnovationen bedarf es größerer Zinsveränderungen, um die Nachfrage nach Geld zu berühren. In der Einführungsphase von Finanzinnovationen können sich daher aus der Unkenntnis der Bundesbank über diese neuen Relationen Schwierigkeiten bei der Einhaltung von Geldmengenzielen ergeben.

Außerdem haben die theoretischen Ausführungen gezeigt, daß der monetäre Gesamteffekt expansiv ist. Finanzinnovationen reduzieren die Bargeldquote und erhöhen den Geldschöpfungsmultiplikator. Folglich bedarf es eines geringeren monetären Impulses, um ein gegebenes Geldmengenziel zu erreichen. Da diese Verschiebung der monetä-

---

152 Vgl. Kapitel C.II.1.

ren Relationen den geldpolitischen Instanzen aber nicht ex ante bekannt sind, steigt die Wahrscheinlichkeit, daß das Geldmengenziel verfehlt wird.

Weitere Schwierigkeiten bei dem Versuch, die Geldmenge zu kontrollieren, resultieren aus der von Finanzinnovationen verursachten Instabilität der Geldnachfrage. Finanzinnovationen vermindern die Transaktionkosten der Substitution von Finanzaktiva und verändern die Opportunitätskosten einzelner Geldkomponenten. Dies führt zu einer generellen Reduzierung der Nachfrage nach Realkasse sowie zu häufigeren Umschichtungen und einmaligen Anpassungen innerhalb der Kassenhaltung. Da diese Anpassungsreaktionen der Wirtschaftssubjekte von der Notenbank weder zeitlich noch quantitativ exakt prognostiziert werden können, sinkt die Fähigkeit der Notenbank, das Geldvolumen zu kontrollieren. Es erhöht sich nach dem Poole-Kriterium die Wahrscheinlichkeit, daß eine Zins- einer Geldmengenpolitik überlegen ist. Dieses Argument gegen eine Politik der Geldmengenziele erhält weitere Unterstützung durch die von Finanzinnovationen ausgelösten Schwankungen im Geldangebot. Umschichtungen zwischen Sichtverbindlichkeiten, befristeten Verbindlichkeiten und Spareinlagen führen aufgrund der uneinheitlichen Mindestreservesätze zu Schwankungen im Geldangebot. Der Geldangebotsmultiplikator vergrößert sich, wenn Sichtverbindlichkeiten in befristete Verbindlichkeiten oder Spareinlagen bzw. befristete Verbindlichkeiten in Spareinlagen umgewandelt werden. Er verkleinert sich, wenn Spareinlagen zu befristeten oder Sichtverbindlichkeiten bzw. befristete Verbindlichkeiten zu Sichtverbindlichkeiten umgeschichtet werden. In der Ralität beeinträchtigen also nicht nur Instabilitäten der Geldnachfrage, sondern auch des Geldangebotes die Geldmengenkonzeption der Bundesbank.[153]

---

153 Von dem Fall, daß sich die Schwankungen von Geldangebot und Geldnachfrage ausgleichen, wird hier abgesehen.

2.2 Abgrenzung der relevanten Geldmenge

Neben der Kontrollierbarkeit des nationalen Geldvolumens setzt eine an Geldmengenzielen anknüpfende Politik voraus, daß Veränderungen des von der Notenbank als Zwischenziel erwählten Geldmengenaggregates in einem vorhersehbaren Verhältnis zu den Entwicklungen des Preisniveaus stehen. Mit anderen Worten: Die relevante Geldmenge ist jene, welche einen hinreichenden Endzielbezug aufweist. Daher ist es für die Notenbank von großem Interesse zu erfahren, inwiefern Finanzinnovationen den Endzielbezug von Geldmengenaggregaten berühren.

Bisher konnte davon ausgegangen werden, daß enge Geldmengenaggregate die volkswirtschaftliche Transaktionskasse erfassen. Die Veränderung der gesamtwirtschaftlichen Transaktionskasse korrelierte eng mit der Entwicklung des nominellen Transaktionsvolumens. Demgegenüber waren weite Geldmengenaggregate ein Maß für die längerfristige Liquidität der Volkswirtschaft. Ihre Entwicklung gab den längerfristigen Spielraum für das Wachstum des nominellen Transaktionsvolumens vor.[154] Diese Unterscheidung verliert im Lichte von Finanzinnovationen an Gültigkeit. Zwar werden breite Geldmengenabgrenzungen auch weiterhin den längerfristigen monetären Wachstumsspielraum einer Volkswirtschaft anzeigen; enge Geldbegriffe hingegen werden nicht mehr allein und auch nicht alle Zahlungsmittel umfassen. Mit anderen Worten: Finanzinnovationen vermischen das Vermögens- und Transaktionsmotiv der Geldhaltung.

Zu diesen Finanzinnovationen gehören jene der Gruppe 1, also diejenigen, die Sichtguthaben marktmäßig verzinsen. Auch Finanzinnovationen der Gruppe 3 können diesen Effekt erzielen, nämlich dann, wenn sie die Transaktionskosten bei der Substitution der Finanzaktiva

---

154 In diesem Sinne interpretiert Claassen (1974) die engen Geldmengenabgrenzungen als Zahlungsmittel und die weiten als Mittel der temporären bzw. permanenten Kaufkraftaufbewahrung.

vollständig beseitigen. Das daraus resultierende, kostenlose Umbuchen zwischen Spar- und Transaktionskonten, wie es die Electronic-Fund-Transfer-Systeme ermöglichen, führt ebenfalls zu einer Verzinsung der Kassenhaltung. Können Zahlungsmittel aber verzinst werden bzw. andere verzinsliche Vermögensaktiva zu Zahlungszwecken genutzt werden, fällt die Aufteilung der Kassenhaltung auf Transaktions- und Vermögensmotiv schwer.[155]

Verharrt eine Notenbank in dieser Situation auf einem engen Geldmengenbegriff wie beispielsweise M1, läuft sie Gefahr, ein Aggregat zu steuern, dessen Verhalten sich in bezug auf ihr geldpolitisches Endziel grundlegend geändert hat. Wenn mehr Zahlungsmittel außerhalb von M1 gehalten werden als Vermögensmittel in M1, wird die Bedeutung der in M1 nicht enthaltenen Zahlungsmittel unterschätzt. Die Geldpolitik ist dann tendenziell zu expansiv. Wenn dagegen weniger Zahlungsmittel außerhalb von M1 gehalten werden als Vermögensmittel in M1, wird die Geldpolitik tendenziell zu restriktiv angelegt sein.

Die Wahl eines breiten Geldmengenaggregates, das auch die geldnahen Finanzinnovationen beinhaltet, wirft demgegenüber weniger Probleme auf. Wenn der längerfristige monetäre Spielraum einer Volkswirtschaft vor der Einführung von Finanzinnovationen in einer verläßlichen Beziehung zum geldpolitischen Endziel stand, so ist nicht einzusehen, warum sich dieser Zusammenhang durch Finanzinnovationen grundlegend ändern sollte. Zumindest nach erfolgter Anpassung der Liquiditätshaltung an die veränderten Opportunitäts- und Transaktionskosten ist mit einer ähnlich stabilen Korrelation zwischen breitem Geldmengengaggregat und nominellem Volkseinkommen zu rechnen wie vor der Innovationsphase.

---

155 "The development of NOW accounts, money market mutual fund share accounts, super now accounts, and money market deposit accounts has had the effect of blurring the traditionally sharp distinction between money and near money, since each of these assets possesses to various degrees both means-of-payments (transactions) and investment (portfolio) attributes." Spindt (1985), S. 176.

Für die Deutsche Bundesbank stellt sich daher die Frage, ob Komponenten der Geldmengenabgrenzung von M3 durch geldnahe Finanzinnovationen substituiert werden. Die Antwort auf diese Frage gibt Aufschluß darüber, ob sich die Eignung der Geldmenge in der Abgrenzung von M3 zum Zwischenziel ändert. Es ist wahrscheinlich, daß vor allem Geldmarktfonds als Substitute zu Termineinlagen fungieren werden. Da sie nicht in der Geldmenge M3 enthalten sind, dürfte ceteris paribus das Wachstum von M3 geringer ausfallen als vor dem Auftreten dieser geldnahen Finanzinnovationen. Die Eigenschaften der Geldmenge M3 ändern sich also, und die Bundesbank sollte diese Änderungen nicht einfach ignorieren. Wenn Entwicklungen von M3 bisher eine hohe Korrelation mit Bewegungen des Preisniveaus aufwiesen, so sollte die Bundesbank unter Berücksichtigung geldnaher Finanzinnovationen ein neues Geldmengenaggregat konstruieren, das den gleichen Liquiditätsgrad hat wie die Geldmenge M3 heute.

2.3 Indikatorwirkung der Geldmenge

Die beiden vorangegangenen Kapitel haben gezeigt, daß im Lichte von Finanzinnovationen weder der Endzielbezug noch die Kontrollierbarkeit der Geldmenge M3 zweifelsfrei gegeben sind. Beides schränkt die Indikatorqualität von Geldmengenveränderungen ein. Die mangelnde Kenntnis über die veränderte Relation zwischen Geldmenge und Preisniveau steigert die Inflationsunsicherheit in der Volkswirtschaft. Sowohl für die privaten Wirtschaftssubjekte als auch für die Notenbank hat die Qualität der Geldmenge als "leading indicator" abgenommen. Dies hat eine verschlechterte Antizipation der Inflation zur Folge. Unter der Annahme, daß ein vollständig antizipierter Anstieg im allgemeinen Preisniveau die reale Wirtschaftsaktivität unberührt läßt, steigen mit der verminderten Indikatorwirkung von Geldmengenveränderungen die realen Wirkungen der Inflation. Außerdem hat die größere Unsicherheit über die zukünftige Inflationsrate zur Folge, daß sich die Wahrscheinlichkeit geldpolitischer Fehlentscheidungen erhöht.

Die aufgrund der Finanzinnovationen verschlechterte Kontrolle der Notenbank über die Geldmenge vermindert außerdem die Indikatorqualität von Geldmengenveränderungen über die Ernsthaftigkeit, mit der die Geldbehörde versucht, Preisniveaustabilität zu gewährleisten. Die Privaten wissen nun per se nicht, ob ein Verlassen des Geldmengenzielkorridors das Ergebnis einer neuen, nach außen (noch) nicht kommunizierten Zielfunktion darstellt oder lediglich Ausdruck der Unfähigkeit der Zentralbank ist, die Geldmenge auf dem gewünschten Wachstumspfad zu halten.

In der Innovationsphase verändert sich also der Endzielbezug von Geldmengenvariationen und nimmt die Zentralbankkontrolle über Geldmengenbewegungen ab. Als Folge davon verschlechtert sich die Indikatorqualität der Geldmenge, und zwar sowohl für das stabilitätspolitische Verhalten der Notenbank als auch für die zu erwartende Inflationsentwicklung.

3. Reform des Bundesbank-Konzeptes

Die hier vorgeschlagene Reform des geldpolitischen Konzeptes der Deutschen Bundesbank beruht auf zwei zeitlich voneinander unterschiedenen Strategien: einer kurzfristigen und einer langfristigen Strategie. "Kurzfristig" bezieht sich dabei auf die Dauer der Einführungsphase von Finanzinnovationen. Die kurze Frist endet, wenn die Marktteilnehmer ihr Verhalten an die neuen Transaktions- und Opportunitätskosten angepaßt haben und wieder stabilere Relationen zwischen Veränderungen der Geldmenge und des Preisniveaus zu erwarten sind.

Für die kurzfristige Strategie bieten sich drei Möglichkeiten an: erstens der Übergang von einer Geldmengen- zu einer Zinspolitik; zweitens die Verfolgung eines Policy Mix; und drittens die Erweiterung des monetären Zielkorridors.

Der Übergang von der augenblicklichen Praxis der Geldmengensteuerung zur Zinspolitik wäre die radikalste Änderung unter den drei Möglichkeiten. Dieser Vorschlag basiert auf den oben angestellten Überlegungen zum Poole-Kriterium, das für die Innovationsphase die tendenzielle Überlegenheit einer Zins- gegenüber einer Geldmengenpolitik anzeigt. Ziel der Zinspolitik wäre es, das gesamtwirtschaftliche Zinsniveau auf einem die Kapazitäten auslastenden Stand bzw. einem irgendwie definierten Zielniveau zu halten. Geht man davon aus, daß Finanzinnovationen die Zinselastizität der Investitionsnachfrage nur geringfügig tangieren, so liegt die Schwierigkeit dieser Strategie vor allem in der Kontrolle des für die Investitionsentscheidungen relevanten, langfristigen realen Zinssatzes durch die Notenbank. Nach Praxis der Bundesbank, die auf Offenmarktgeschäfte am Kapitalmarkt verzichtet, besitzt die Bundesbank nur indirekte Einflußmöglichkeiten auf den Kapitalmarktzins. Aber selbst wenn die Bundesbank ihre bisherige Praxis aufgäbe und Offenmarktgeschäfte am Kapitalmarkt durchführte, bliebe ihr Einfluß auf den Kapitalmarktzins wegen des großen Volumens, das dort gehandelt wird, weit unter dem Einfluß, den sie auf das Geldmarktzinsniveau ausüben kann. Außerdem ist es für eine Notenbank schwierig, Bewegungen des Kapitalmarktzinses zu interpretieren. Die Bundesbank müßte aber Veränderungen im Zinsniveau in reale und nominale aufspalten können, da für die Investitionsentscheidungen die Höhe des realen Zinsniveaus relevant ist. Weiterhin spricht gegen die Verfolgung einer derartigen Interventionspolitik am Kapitalmarkt, daß die Bundesbank keine Erfahrung darin besitzt und von daher die Verfolgung dieser Strategie die Erwartungen der Marktteilnehmer destabilisieren würde.

Die zweite kurzfristige Strategie plädiert für die Durchführung eines Policy Mix, bestehend aus Zins- und Geldmengenpolitik. Die Bundesbank würde dann wie bisher die Geldmarktzinsen steuern. Ziel der Zinssteuerung wäre es allerdings nicht mehr, die Geldmenge M3 in ihrem ex ante festgelegten Zielkorridor zu halten. Vielmehr wäre es das Ziel der Geldpolitik, durch eine Steuerung der Geldmarktzinsen bei gleichzeitiger Beobachtung der gesamtwirtschaftlichen Liquidität Stabilisierungspolitik zu betreiben. Der Unterschied zu dem heutigen Konzept der Bundesbank bestünde also zum einen in der Beseitigung der Geldmengenziele, zum anderen in der Möglichkeit, nicht an einem bestimmten Geldmengenkonzept, wie beispielsweise M3, festhalten zu müssen, wenn schon klar ist, daß diesem Geldmengenkonzept der Endzielbezug fehlt. Zwar vermindert die Beseitigung der Geldmengenziele die Überprüfbarkeit und damit auch die Glaubwürdigkeit der Notenbankpolitik. Dennoch ist es wahrscheinlich, daß die Glaubwürdigkeit der Bundesbank unter einem Wegfall der Geldmengenziele weniger leidet als unter dem Erstellen von Geldmengenzielen, die nicht erreicht werden.

Die dritte kurzfristige Strategie basiert auf einer Erweiterung des jährlich verkündeten Geldmengenzielkorridors. Gegenüber der bisherigen Praxis wird dadurch der Handlungsspielraum der Bundesbank, auf innovationsbedingte Veränderungen einzugehen, vergrößert. Fraglich ist allerdings, wie groß dieser Zielkorridor bemessen sein muß, damit er einerseits der Bundesbank den notwendigen Handlungsspielraum einräumt und andererseits sich nicht selber ad absurdum führt. Außerdem besteht bei Verfolgung dieser Strategie die Gefahr, daß das Geldmengenziel trotz erweitertem Zielkorridor innovationsbedingt nicht eingehalten wird, was die Glaubwürdigkeit der Bundesbank untergrübe. Und schließlich gibt diese Strategie keine Antwort für den Fall, daß sich der Endzielbezug von M3 erheblich verschlechtert. Nach Berücksichtigung dieser Argumente erscheint die zweite Strategie als beste Alternative, um während der Innovationsphase eine erfolgreiche Stabilisierungspolitik zu betreiben.

Langfristig sollte die Bundesbank wieder zu einem klaren Geldmengenkonzept mit jährlichen Zielvorgaben zurückfinden. Denn es ist zu erwarten, daß die Wirtschaftssubjekte während der Innovationsphase ihr Verhalten den neuen Bedingungen anpassen und nach Abschluß der Innovationsphase wieder prognostizierbare Regelmäßigkeiten in ihrem Verhalten aufweisen werden. In diesem Fall würde auch das Poole-Kriterium die tendenzielle Vorteilhaftigkeit einer Geldmengengegenüber einer Zinspolitik anzeigen.

Die Wahl eines breiten Geldmengenaggregates als Zwischenziel, das zumindest die bedeutendsten geldnahen Finanzinnovationen einschließt und einen hinreichenden Endzielbezug hat, weist dann Vorteile gegenüber einem engen Aggregat auf. Zwar ist generell für die Notenbank die Steuerungsmöglichkeit eines engen Geldmengenaggregates höher als bei einem weiten, jedoch finden bei der Wahl eines breiten Geldmengenaggregates als Zwischenziel die aufgrund der geringeren Transaktionskosten häufigeren Umschichtungen zwischen höher verzinslichen Anlagen und niedrig verzinsten Sichteinlagen bzw. unverzinstem Bargeld innerhalb des Geldbegriffs statt. Bei der Wahl einer weiten Geldmengenabgrenzung gleichen sich also die Umschichtungen aus und führen nicht zu Schwankungen im Geldmengenaggregat. Um ein Aggregat zu steuern, das vom Liquiditätsgrad her ähnliche Eigenschaften aufweist wie M3 vor dem Auftreten von Finanzinnovationen, sollten Geldmarktfonds wohl in einer neuen Geldmengenabgrenzung enthalten sein. Letztlich ist die Frage nach den Komponenten einer Neuabgrenzung der zu steuernden Geldmenge allerdings nur empirisch zu beantworten. Die Bundesbank sollte daher verschiedene neue und alte Geldmengenabgrenzungen beobachten und auf ihren Endzielbezug hin testen.

Voraussetzung dafür, daß Portfolioanpassungen innerhalb einer Geldmengenabgrenzung nicht Schwankungen im Geldmengenaggregat induzieren, ist die Gleichbehandlung der einzelnen Geldkomponenten durch die Reservepflicht. Ist dies nicht der Fall, führen auch Vermögensumschichtungen innerhalb eines Geldmengenaggregates zu Schwankungen im Geldmultiplikator. Zwei Reformvorschläge bieten sich an: die Abschaffung der gesetzlichen Mindestreserve oder die Vereinheitlichung der Reservesätze.

Francke (1988a) plädiert für die Abschaffung der gesetzlichen Mindestreserve. Er argumentiert, daß eine Ausdehnung der Mindestreserve auf geldnahe Finanzinnovationen nur ex post geschehen kann und daher "immer neue Schocks auf den Geldangebotsprozeß" auslöst, "die die Prognose des Multiplikators weiter erschweren".[156] Dem muß allerdings entgegengehalten werden, daß bei einer eindeutigen Zuordnung der geldnahen Finanzinnovationen zu den reservepflichtigen Verbindlichkeiten dieses Problem entfällt. Wichtig ist also lediglich, daß die Definition der reservepflichtigen Verbindlichkeiten so gehalten ist, daß alle geldnahen Finanzinnovationen (Gruppe 2) darunter gefaßt werden. Außerdem können gegen die Abschaffung der Mindestreserve auch grundsätzliche Argumente geltend gemacht werden. Die Pflicht der Banken, Mindestreserven zu halten, erhöht unter Umständen die Stabilität des nationalen Finanzsystems. Zwar wird häufig behauptet,[157] daß auch bei einer Abschaffung der Reservepflicht, die Banken weiterhin Zentralbankgeld nachfragen. Doch ist es zweifelhaft, ob eine freiwillige Reservehaltung der Banken ein für die Stabilität des Finanzsystems ausreichendes Niveau erreichen würde. Auch dürfte diese freiwillige Nachfrage nach Zentralbankgeld im Zeitablauf größeren Schwankungen unterworfen sein als die gesetzlich festgelegte. Folglich unterläge der Geldangebotsmultiplikator zusätzlichen Instabilitäten bei einer Abschaffung der gesetzlichen Mindestreserven. Die Abschaffung der Mindestreservepflicht ist daher wenig geeignet, um die von Finanzinnovationen der Gruppe 3 induzierten Schwankungen im Geldschöpfungsmultiplikator auszugleichen.

Der bessere Lösungsvorschlag scheint die Vereinheitlichung der Reservesätze zu sein. Umschichtungen zwischen geldnahen Vermögensaktiva lösen dann, wie bei der Abschaffung der Reservesätze, keine Schwankungen im Geldmultiplikator aus.[158] Gleichzeitig bleibt

156 Francke (1988a), S. 269.

157 Vgl. z.B. Reither (1985).

158 Die Schwankungen des Geldmultiplikators entfalten nur dann keine destabilisierenden Wirkungen auf die reale Wirtschaft, wenn sie durch Schwankungen der Geldnachfrage ausgeglichen werden. Davon ist hier abgesehen.

der grundsätzlich stabilisierende Effekt der Mindestreserve für den Multiplikator erhalten. Geht man weiterhin davon aus, daß eine Verringerung der Mindestreserven die Stabilität des Finanzsystems gefährdet, so kann die Vereinheitlichung aufkommensneutral gestaltet werden.

Zusammenfassend kann festgehalten werden, daß die Bundesbank kurzfristig ihre Politik der Geldmengenziele aufgeben und zu einer Kombinationspolitik, bestehend aus Geldmengen- und kurzfristiger Zinssteuerung übergehen sollte. Langfristig, wenn das Verhalten der Marktteilnehmer wieder vorhersehbare Regelmäßigkeiten angenommen hat, sollte sie zu einer Geldmengenpolitik zurückkehren. Welches Geldmengenaggregat dann gesteuert werden soll, muß erst noch empirisch ermittelt werden. Grundsätzlich bietet sich aber eine weite Geldmengenabgrenzung an, die geldnahe Finanzinnovationen beinhaltet. Weiterhin sollten zwecks Vermeidung unnötiger Instabilitäten im Geldangebotsmultiplikator die gesetzlichen Reservesätze auf Sichtverbindlichkeiten, befristete Verbindlichkeiten und Spareinlagen vereinheitlicht werden.

D. Zusammenfassung

Die Entstehung der Finanzinnovationen wird auf mikroökonomischer Ebene vor allem mit der auf Silber zurückgehenden "constraint induced innovation hypothesis" erklärt (Kapitel B). Ihrzufolge senken Finanzinnovationen die Kosten eines Unternehmens, sich an bestehende Beschränkungen anzupassen, und werden deshalb von den Unternehmen nachgefragt. Diese mikroökonomische Betrachtung, die an der Nachfrageseite ansetzt, wird hier um eine angebotsseitige Erklärung ergänzt. Finanzinnovationen werden als das Resultat strategischer Produktentscheidungen hingestellt und lassen sich den beiden generischen Managementstrategien "Kostenführerschaft" und "Differenzierung" zuordnen.

Das zeitliche Auftreten von Finanzinnovationen variiert unter den Volkswirtschaften erheblich. Als Erklärungsursache hierfür werden makroökonomische Rahmenbedingungen herangezogen. Staatliche Regulierungen spielen dabei eine wichtige Rolle. In den USA führte der Versuch, die gesetzlichen Zinsobergrenzen auf Sichtguthaben zu umgehen, zu der Entwicklung von Finanzinnovationen der Gruppe 1. Außerdem fielen in diese Zeit die hohen Inflationsraten als Folge der Ölpreisschocks, die sowohl bei Unternehmen als auch bei Haushalten den Wunsch hervorriefen, ihre Liquiditätshaltung zu ökonomisieren. Diese Entwicklung trug zu der Entstehung und Verbreitung der Finanzinnovationen der Gruppen 1, 2 (z.B. Geldmarktfonds) und 3 (z.B. Cash-Management-Systeme) bei. Die Nachfrage nach Finanzinnovationen der Gruppe (4) kann vor allem mit den erhöhten Finanzmarktpreisschwankungen der 70er und 80er Jahre erklärt werden. Begünstigt wurde die Entwicklung der Finanzinnovationen auch durch den zunehmenden Wettbewerb im Finanzsektor, ausgelöst durch die Schuldenkrise und andere Faktoren. Er führte dazu, daß die Finanzintermediäre einerseits rationalisierten - hierunter fällt z.B. das Angebot an Finanzinnovationen der Gruppe (3) - und andererseits eine größere Bereitschaft zeigten, Produkte anzubieten, die den Kundenbedürfnissen besser Rechnung tragen. Eine notwendige Voraussetzung für viele Finanzinnovationen war der technologische Fortschritt, ohne den beispielsweise die standardisierten Future- und Optionsmärkte zumindest in ihrer heutigen quantitativen Bedeutung nicht vorstellbar wären.

Die makroökonomischen Rahmenbedingungen der Bundesrepublik Deutschland unterschieden sich von denen der USA, und somit konnte bzw. kann das Phänomen Finanzinnovation hierzulande verzögert und in anderen Ausprägungen beobachtet werden. Die wesentlichen Determinanten des deutschen Innovationsprozesses sind staatliche Regulierungen und ein sich verschärfender Wettbewerb im Finanzsektor, begleitet von einem technologischen Fortschritt, der, wie in anderen Ländern auch, eine notwendige Voraussetzung für viele Finanzinnovationen darstellt. Staatliche Regulierungen in Form einer abwartenden Haltung der Bundesbank und des Gesetzgebers verzögerten das Auftreten der Finanzinnovationen der Gruppe 4. So kam es erst im Mai 1985 zur Restliberalisierung des deutschen Kapitalmarktes, seit der die Begebung von Zero-Bonds, Floating Rate Notes, Doppelwährungsanleihen und Anleihen in Verbindung mit Swaps am deutschen Markt erlaubt ist. Mit der im August 1989 in Kraft getretenen Börsengesetzesnovelle wurde dann der gesetzliche Rahmen für die Deutsche Terminbörse geschaffen, die 1990 eröffnete und an der mittlerweile Aktienoptionen, Bund- und DAX-Futures gehandelt werden. Staatliche Regulierungen verhindern aber auch zur Zeit noch die Zulassung von reinen Geldmarktfonds (Finanzinnovationen der Gruppe 2). Außerdem wirkt die wettbewerbsrechtliche Sonderbehandlung des Kreditgewerbes wettbewerbshemmend, so daß die Verbreitung einiger Finanzinnovationen der Gruppen 1 und 3 sich zeitlich hinausschieben. Finanzinnovationen der Gruppe 1 werden mittlerweile vor allem von ausländischen Wettbewerbern am deutschen Markt mit dem Ziel angeboten, ihre Marktanteile zu erhöhen. Von den Finanzinnovationen der Gruppe 3 sind bis auf die Automatic Teller Machines und die Point-of-Sale-Systeme, die so gut wie überhaupt nicht am deutschen Markt vertreten sind, alle anderen Instrumente aber zumindest erhältlich, wenn auch zum Teil nicht weit verbreitet. Bei einer zunehmenden Integration einzelner nationaler Märkte kann von einem sich intensivierenden Wettbewerb im deutschen Finanzsektor ausgegangen werden mit der Folge, daß auch jene Finanzinnovationen, die zur Zeit noch wenig verbreitet am deutschen Markt sind, verstärkt genutzt werden. Zu diesen Finanzinnovationen gehören vor allem die der Gruppen 1 und 3. Reine Geldmarktfonds, die zu den Finanzinnovationen der Gruppe 2 zählen, sind demgegenüber erst bei einer veränderten Haltung der Bundesbank und des Gesetzgebers am deutschen Markt erhältlich.

Die Frage, ob Finanzinnovationen eine neue Geldordnung in Form einer monetären Funktionentrennung oder eines Währungswettbewerbs begründen (Kapitel C.I), konnte verneint werden. Beide Formen von Währungsordnung bedürfen institutioneller Veränderungen (Abschaffung der Mindestreserve), die von Finanzinnovationen nicht geleistet werden können. Außerdem scheint die Nutzung beider Währungsordnungen mit höheren Transaktionskosten verbunden zu sein als die Nutzung der bestehenden Monopolwährungswirtschaft. Daher ist weder das System der monetären Funktionentrennung noch das des Währungswettbewerbs aus mikroökonomischen Effizienzüberlegungen heraus erwünscht, und es ist zweifelhaft, ob eine mindereffiziente Geldordnung sich im Wettbewerb der Systeme durchsetzt.

Die Wirkungen von Finanzinnovationen auf den geldpolitischen Transmissionsmechanismus (Kapitel C.II.1) lassen sich einteilen in solche, die den monetären (LM-Kurve), und solche, die den realen Sektor (IS-Kurve) der Volkswirtschaft berühren. Finanzinnovationen der Gruppen 1, 2 und 3 tangieren vor allem den monetären Sektor, während Finanzinnovationen der Gruppe 4 Auswirkungen auf den realen Sektor einer Volkswirtschaft haben.

Die Wirkungen auf den monetären Sektor lassen sich unterscheiden in Verschiebungen und Drehungen der LM-Kurve. Die Verschiebungen in der LM-Kurve werden vor allem durch die verminderte Nachfrage der

Wirtschaftssubjekte nach Zentralbankgeld ausgelöst, die ein Effekt der Finanzinnovationen der Gruppen 1, 2 und 3 ist. Die Wirtschaftssubjekte versuchen einen größeren Anteil als bisher an verzinslichen Finanzaktiva zu halten. Zu diesem Zweck versuchen sie, ihren Bargeldbestand abzubauen, was ihnen makroökonomisch nicht gelingen kann. Folglich sinken die Zinssätze, und über die Verringerung der Opportunitätskosten der Kassenhaltung paßt sich die gewünschte an die tatsächliche Geldnachfrage an. Finanzinnovationen lösen dadurch einen einmaligen expansiven Effekt aus, der ohne Interventionen der Notenbank auf eine einmalige Erhöhung des Preisniveaus hinausläuft. Darüber hinaus erhöhen diese Finanzinnovationen über die Verringerung der Bargeldneigung der Wirtschaftssubjekte dauerhaft den Geldschöpfungsmultiplikator. Dies bedeutet, daß die zur Geldversorgung einer wachsenden Wirtschaft benötigte Zuwachsrate an Zentralbankgeld sich verringert. Mit anderen Worten, ein gegebener monetärer Impuls führt zu einer größeren Verschiebung der LM-Kurve und somit zu einer größeren Wirkung auf das Volkseinkommen.

Finanzinnovationen werden wahrscheinlich die Steigung der LM-Kurve erhöhen, d.h. die Zinselastizität der Geldnachfrage wird abnehmen. Die Einführung variabel verzinslicher Transaktionskonten (Finanzinnovationen der Gruppe 1) als ein Resultat des zunehmenden Wettbewerbs im Finanzsektor vermindert die Zinselastizität der Geldnachfrage eindeutig. In dieselbe Richtung wirkt die durch Finanzinnovationen der Gruppe 3 erhöhte Substituierbarkeit der Finanzaktiva. Als Folge davon bedarf es größerer Zinsveränderungen, um Variation in der Geldnachfrage hervorzurufen. Außerdem wird die Volkswirtschaft dadurch anfälliger gegenüber Angebotsschocks, d.h. Angebotsschocks schlagen sich stärker in Schwankungen des realen Outputs als in Variationen des Preisniveaus nieder. Außerdem bedeutet die verminderte Zinselastizität der Geldnachfrage einen Effizienzverlust der Fiskalpolitik. Fiskalpolitische Impulse verpuffen zunehmend in Zinsschwankungen und erzielen weniger Outputwirkung.

Die Wirkungen der Finanzinnovationen auf den realen Sektor der Volkswirtschaft, i.e. auf die Steigung der IS-Kurve, sind unklar. Finanzinnovationen der Gruppe 4 üben gegenläufige Effekte auf die Zinselastizität der Investitionsnachfrage aus. Der Gesamteffekt kann dabei allein aufgrund von theoretischen Überlegungen nicht ermittelt werden. Dennoch ist intuitiv keine erhebliche Veränderung in der Steigung der IS-Kurve zu erwarten.

Der Analyse der Frage, inwiefern Finanzinnovationen die Vorteilhaftigkeit des monetären Zwischenziels beeinflussen (Kapitel C.II.2), wurde das Poole-Kriterium zugrundegelegt. Die wegen der veränderten Opportunitätskosten veränderte Struktur der Geldnachfrage sowie das wegen der verringerten Transaktionskosten geringere Niveau der Geldnachfrage und die zu erwartenden häufigeren Portefeuille-Umschichtungen können zu Schwankungen in der LM-Kurve führen. Bei Schwankungen der Geldnachfrage aber zeigt das Poole-Kriterium die tendenzielle Überlegenheit einer Zins- gegenüber einer Geldmengenpolitik an. Nimmt man weiterhin an, daß wegen der zinselastizitätsmindernden Effekte der Finanzinnovationen die Zinselastizität der Investitionsnachfrage größer ist als die der Geldnachfrage, so wirkt dem Poole-Kriterium zufolge die zinsunelastischere Geldnachfrage ebenfalls zugunsten einer Zinspolitik.

Zieht man die Ergebnisse des Poole-Kriteriums als Handlungsanweisungen einer praktischen Geldpolitik in Betracht, so stößt man allerdings auf zahlreiche Realisierungsschwierigkeiten bei der Umsetzung einer Zinspolitik. Andererseits können Finanzinnovationen die Relation zwischen Geldmenge und Preisniveau derart verändern, daß das Festhalten an Geldmengenzielen nicht sinnvoll erscheint. Die Bundesbank sollte daher bei einer zunehmenden Verbreitung von Finanzinnovationen in Deutschland zumindest kurzfristig, bis sich das Verhalten der Wirtschaftssubjekte an die veränderten Opportunitäts- und Transaktionskosten angepaßt hat, ihre sich an Geldmengenzielen orientierende Politik aufgeben. Stattdessen könnte sie eine Kombinationspolitik, bestehend aus Zins- und Geldmengenpolitik, betreiben. Die Bundesbank könnte dabei wie bisher die Geldmarktzinsen steuern. Ziel der Zinssteuerung wäre es allerdings nicht mehr, die Geldmenge M3 in ihrem ex ante festgelegten Zielkorridor zu halten. Vielmehr wäre es das Ziel der Geldpolitik, durch eine Steuerung der Geldmarktzinsen bei gleichzeitiger Beobachtung der gesamtwirtschaftlichen Liquidität Stabilisierungspolitik zu betreiben. Der Unterschied zu dem heutigen Konzept der Bundesbank bestünde also zum einen in der Beseitigung der Geldmengenziele, zum anderen in der Möglichkeit, nicht an einem bestimmten Geldmengenkonzept, wie beispielsweise M3, festhalten zu müssen, wenn schon klar ist, daß diesem Geldmengenkonzept der Endzielbezug fehlt. Langfristig, wenn nach Abschluß der Innovationsphase wieder prognostizierbare Regelmäßigkeiten in das Verhalten der Wirtschaftssubjekte gekehrt sind, könnte die Bundesbank zu einem klaren Geldmengenkonzept zurückfinden. Dieses Geldmengenkonzept sollte dann auf einem breiten Geldmengenaggregat basieren, das zumindest die bedeutendsten geldnahen Finanzinnovationen einschließt. Denn bei der Wahl eines breiten Geldmengenaggregates als Zwischenziel finden die aufgrund der geringeren Transaktionskosten häufigeren Umschichtungen zwischen höher verzinslichen Anlagen und niedrig verzinsten Sichteinlagen bzw. unverzinstem Bargeld innerhalb des Geldbegriffs statt. Die Umschichtungen gleichen sich dann aus und führen nicht zu Schwankungen im Geldmengenaggregat. Damit derartige Portefeuilles-Umschichtungen auch nicht angebotsseitige Störungen im Geldmengenaggregat hervorrufen, sollten die Reservesätze der einzelnen Geldkomponenten vereinheitlicht werden.

Anhang 1: Portfoliomodell

Von Gleichung (13) und (14) wird das totale Differential gebildet, Ableitungen nach der gleichen Variablen werden zu folgenden Termen zusammengefaßt:

$$H_{rb} = \frac{\delta C_n^d}{\delta r_B} + \frac{\delta k}{\delta r_B} D_n^d + \frac{\delta D_n^d}{\delta r_B} k$$

$$H_{rk} = \frac{\delta C_n^d}{\delta r_K} + k \frac{\delta D_n^d}{\delta r_K} - \frac{\delta C_n^d}{\delta W} \bullet R \bullet K \bullet r_K^{-2} - k \frac{\delta D_n^d}{\delta W} \bullet R \bullet K \bullet r_K^{-2}$$

$$H_P = - \frac{\delta C_n^d}{\delta W} \bullet \frac{H^S + B^S}{P^2} - k \frac{\delta D_n^d}{\delta W} \bullet \frac{H^S + B^S}{P^2} + \frac{H^S}{P^2}$$

$$H_H = \frac{\delta C_n^d}{\delta W} \bullet \frac{\delta W}{\delta H^S} + k \frac{\delta D_n^d}{\delta W} \bullet \frac{\delta W}{\delta H^S} - P^{-1}$$

$$H_B = \frac{\delta C_n^d}{\delta W} \bullet \frac{\delta W}{\delta B^S} + k \frac{\delta D_n^d}{\delta W} \bullet \frac{\delta W}{\delta B^S}$$

$$H_K = \frac{\delta C_n^d}{\delta W} \bullet \frac{\delta W}{\delta K^S} + k \frac{\delta D_n^d}{\delta W} \bullet \frac{\delta W}{\delta K^S}$$

$$H_R = \frac{\delta C_n^d}{\delta W} \bullet \frac{K}{r_K} + k \frac{\delta D_n^d}{\delta W} \bullet \frac{K}{r_K}$$

$$H_{ko} = \frac{\delta k}{\delta k_o} \bullet D_n^d$$

$$H_{rd} = \frac{\delta C_n^d}{\delta r_D} + k \frac{\delta D_n^d}{\delta r_D}$$

$$H_Y = \frac{\delta C^d_n}{\delta Y} + k \frac{\delta D^d_n}{\delta Y}$$

$$B_{rb} = \frac{\delta B^d_n}{\delta r_B} - D^d_n \frac{\delta k}{\delta r_B} + (1 - k) \frac{\delta D^d_n}{\delta r_B}$$

$$B_{rk} = \frac{\delta B^d_n}{\delta r_K} - \frac{\delta B^d_n}{\delta W} \cdot R \cdot K \cdot r_K^{-2} + (1 - k) \frac{\delta D^d_n}{\delta r_K} -$$

$$(1 - k) \frac{\delta D^d_n}{\delta W} \cdot R \cdot K \cdot r_K^{-2}$$

$$B_P = - \frac{\delta B^d_n}{\delta W} \cdot \frac{H^s + B^s}{P^2} - (1 - k) \frac{\delta D^d_n}{\delta W} \cdot \frac{H^s + B^s}{P^2} + \frac{B^s}{P^2}$$

$$B_H = \frac{\delta B^d_n}{\delta W} \cdot \frac{\delta W}{\delta H^s} + (1 - k) \frac{\delta D^d_n}{\delta W} \cdot \frac{\delta W}{\delta H^s}$$

$$B_B = \frac{\delta B^d_n}{\delta W} \cdot \frac{\delta W}{\delta B^s} + (1 - k) \frac{\delta D^d_n}{\delta W} \cdot \frac{\delta W}{\delta B^s} - P^{-1}$$

$$B_K = \frac{\delta B^d_n}{\delta W} \cdot \frac{\delta W}{\delta K^s} + (1 - k) \frac{\delta D^d_n}{\delta W} \cdot \frac{\delta W}{\delta K^s}$$

$$B_R = \frac{\delta B^d_n}{\delta W} \cdot \frac{K^s}{r_K} + (1 - k) \frac{\delta D^d_n}{\delta W} \cdot \frac{K}{r_K}$$

$$B_{ko} = - \frac{\delta k}{\delta k_o} D^d_n$$

$$B_{rd} = \frac{\delta B^d_n}{\delta r_D} + (1 - k) \frac{\delta D^d_n}{\delta r_D}$$

$$B_Y = \frac{\delta B^d_n}{\delta Y} + (1 - k) \frac{\delta D^d_n}{\delta Y}$$

Nach Linearisierung um den Gleichgewichtspunkt ergibt sich ein lineares Gleichungssystem mit 2 unabhängigen Gleichungen und den beiden endogenen Variablen d_{rB} und d_{rK}:

(1) $$H_{rB} \bullet d_{rB} + H_{rK} \bullet d_{rK} = -(H_p \bullet d_p + H_H \bullet d_Hs + H_B \bullet d_Bs + H_K \bullet d_Ks + H_R \bullet d_R + H_{ko} \bullet d_{ko} + H_{rD} \bullet d_{rD} + H_y \bullet d_y)$$

(2) $$B_{rB} \bullet d_{rB} + B_{rK} \bullet d_{rK} = -(B_p \bullet d_p + B_H \bullet d_Hs + B_B \bullet d_Bs + B_K \bullet d_Ks + B_R \bullet d_R + B_{ko} \bullet d_{ko} + B_{rD} \bullet d_{rD} + B_y \bullet d_y)$$

Mit Hilfe der Cramerschen Regel lassen sich dann die Auswirkungen einer Veränderung der exogenen Variablen auf die endogenen Variablen bestimmen. Beispiel: Gleichung (16).

(16) $$dr_K/dr_D = [-H_{rB}\, B_{rD} + B_{rB}\, H_{rD}]/[H_{rB}\, B_{rK} - B_{rB}\, H_{rK}] < 0$$

Anhang 2: Herleitung Poole-Kriterium

Ausgehend von

(1) $Y = a_0 + a_1 r + u,$ $\quad a_1 < 0$

(2) $Y = b_0 + b_1 m + b_2 r + v,$ $\quad b_1 > 0, b_2 > 0$

wobei u, v normalverteilt mit Erwartungswert 0, Varianzen σ_u^2, σ_v^2 und Kovarianz 0 sind, erhält man:

(3) $$Y = \frac{b_0 a_1 + a_1 b_1 m - b_2 a_0 - b_2 u + a_1 v}{a_1 - b_2}$$

(4) $$r = \frac{a_0 - b_0 - b_1 m + u - v}{b_2 - a_1}$$

Setzt man u = v = 0, dann Y = Y*. Der dadurch bestimmte Wert von m sei m*. Der durch m* bestimmte Wert von r sei r*. Dann lassen sich (3) und (4) schreiben als:

(5) $$Y = Y^* + \frac{b_2 u - a_1 v}{b_2 - a_1}$$

(6) $$r = r^* + \frac{u - v}{b_2 - a_1}$$

Zu einem gegebenen $\bar{r}$ sollen jetzt die Erwartungswerte $u^e = E(u|r=\bar{r})$ und $v^e: = E(v|r=\bar{r})$ berechnet werden. Dabei wird benutzt, daß für gegebene Zufallsvariablen x_1, x_2 mit Erwartungswerten μ_1, μ_2 und Kovarianzmatrix $\begin{pmatrix} \sigma_{11} & \sigma_{12} \\ \sigma_{21} & \sigma_{22} \end{pmatrix}$

die Verteilung von x_1 unter der Bedingung x_2 den Erwartungswert

$$\mu_1 + \frac{\sigma_{12}}{\sigma_{22}} (x_2 - \mu_2) \text{ hat.}$$

Mit $x_1 = u$, $x_2 = \bar{r} - r^* = \dfrac{u - v}{b_2 - a_1}$ folgt dann:

$\mu_1 = E(u) = 0$, $\mu_2 = E\left(\dfrac{u - v}{b_2 - a_1}\right) = 0$

und damit

$$(7) \quad u^e = E\left(u \middle| r=r^* + \frac{u - v}{b_2 - a1} = \bar{r}\right) = \frac{\dfrac{\sigma_u^2}{b_2 - a_1}}{\dfrac{\sigma_u^2 + \sigma_v^2}{(b_2 - a_1)^2}} (\bar{r} - r^*)$$

$$= \frac{\sigma_u^2}{\sigma_u^2 + \sigma_v^2} (b_2 - a_1)\ (\bar{r} - r^*)$$

$$(8) \quad v^e = E\left(v \middle| r = r^* + \frac{u - v}{b_2 - a_1} = \bar{r}\right) = \frac{-\sigma_v^2}{\sigma_u^2 + \sigma_v^2} (b_2 - a_1)(\bar{r} - r^*)$$

Einsetzen von u^e, v^e in (5) ergibt das Einkommen Y_m im Fall der Geldmengenpolitik; in (1) ergibt sich (mit $Y^* = a_0 + a_1 r^*$) das Einkommen Y_r im Fall der Zinspolitik:

$$(9) \quad Y_m = Y^* + \frac{b_2\sigma_u^2 + a_1\sigma_v^2}{\sigma_u^2 + \sigma_v^2} (\bar{r} - r^*)$$

$$(10) \quad Y_r = Y^* + = \frac{\sigma_u^2}{\sigma_u^2 + \sigma_v^2} (b_2 - a_1)\ (\bar{r} - r^*)$$

Eine Zinspolitik wird also einer Geldmengenpolitik vorgezogen, falls $|Y_r - Y^*| < |Y_m - Y^*|$. Mit (9) und (10) ergibt sich nach quadrieren und addieren von $\sigma_u^2\sigma_v^2$ auf beiden Seiten dieser Ungleichung sowie mach weiteren Äquivalenzumformungen

$$1 < \frac{b_2^2\sigma_u^2 + a_1^2\sigma_v^2}{\sigma_u^2 \cdot (b_2 - a_1)^2}$$

Im Falle von $|Y_r - Y^*| > |Y_m - Y^*|$ führt analoges Vorgehen zu

$$1 > \frac{b_2^2 \sigma_u^2 + a_1^2 \sigma_v^2}{\sigma_u^2 \, (b_2 - a_1)^2} ,$$

so daß damit Gleichung (2.3) auf S. 109 gezeigt ist.

Literatur

Akhatar, M.A. (1984),
A Framework for Analysis, in: Financial Innovation and Monetary Policy, Bank for International Settlements, Basle (1984), S. 3-25

Akhatar, M.A. und Dennis, G.E.Y. (1984),
Financial Innovations and the Interest Elasticity of Private Expenditures, FRBNY, Research Paper No. 8422, 1984

Arango, S. und Nadiri, M.I. (1981),
The Demand for Money in Open Economies, JME, Vol. 7 (1981), S. 69-84

Baba, Y., Hendry, D.F. und Starr, R.M. (1992),
The Demand for M1 in the U.S.A., 1960-1988, Review of Economic Studies, Vol. 59 (1992), S. 25-61

Baltensperger, E. (1980),
Alternative Approaches to the Theory of the Banking Firm, JME, Vol. 6 (1980), S. 1-37

Bank for International Settlements (1985),
Payment Systems in Eleven Developed Countries, Basle 1985

Bank for International Settlements (1986),
Recent Innovations in International Banking, Basle 1986

Bank for International Settlements (1991),
Jahresbericht 1991

Barro, R.J. (1985),
Bank Deregulation, Accounting Systems of Exchange, and the Unit of Account: A Critical Review. A Comment on the McCallum Paper, Carnegie-Rochster Conference Series on Public Policy, Vol. 23 (1985), S. 47-54

Barro, R.J. und Santomero, A.M. (1972),
Household Money Holdings and the Demand Deposit Rate, JMCB, Vol. 4 (1972), S. 397-413

Belongia, M.T. u. Santoni, G.J. (1984),
Hedging Interest Rate Risk with Financial Futures: Some Basic Principles, FRBStL, Quarterly Review, No. 3, (1984), S. 15-25

Benavie, A. und Froyen, R. (1988),
The Impact of Monetary and Fiscal Policy on Aggregate Demand: Fixed versus Flexible Deposit Rates, Quarterly Review of Economics and Business, Vol. 28 (1988), S. 71-87

Benston, G.J. (1964),
Interest Payments on Demand Deposits and Bank Investment Behavior, JPE, Vol. 72 (1964), S. 431-449

Birchler, U.W. und Kästli, R. (1987),
Finanzinnovationen und schweizerische Geldpolitik, in: Zimmermann, H. (Hrsg.), Finanzmarktinnovationen, Gürsch 1987, S. 141-170

Black, F. (1970),
Banking and Interest Rates in a World without Money, JBR, 1970, S. 8-20

Blank, T. (1991),
Finanzinnovationen und Geldpolitik, Berlin 1991

Bössmann, E. (1982),
Volkswirtschaftliche Probleme von Transaktionskosten, ZgS, Bd. 138 (1982), S. 664-679

Bofinger, P. (1986),
Geldpolitik im Zeichen der sogenannten Finanzinnovationen, Die Sparkasse, Jg. 103/4 (1986), S. 139-149

Boughton, J.M. (1981),
Recent Instability of the Demand for Money: An International Perspective, SEJ, Vol. 47 (1981), S. 579-591

Brunner, K. u. Meltzer, A.H. (1964),
Some Further Investigations of the Demand and Supply Functions of Money, JF, Vol. 19 (1964), S. 240-283

Brunner, K. und Meltzer, A.H. (1971),
The Use of Money: Money in the Theory of an Exchange Economy, AER, Vol. 61 (1971), S. 784-805

Brunner, K. und Meltzer, A.H. (1972),
Money, Debt and Economic Activity, JPE, Vol. 80 (1972), S. 951-977

Büschgen, H.E. (1986),
Finanzinnovationen, ZfB, 56. Jg. (1986), S. 301-336

Büschgen, H.E. (1988),
Finanzinnovationen - Ein Überblick, in: Gutowski, A. (Hrsg.), Neue Instrumente an den Finanzmärkten: Geldpolitische und bankenaufsichtliche Aspekte, Berlin 1988, S. 9-42

Büschgen, H.E. (1989),
Bankbetriebslehre, Bankgeschäfte und Bankmanagement, 2. Aufl., Wiesbaden 1989

Burger, A.E. (1988),
The Puzzling Growth of the Monetary Aggregates, Review, FRBStL, Vol. 70 (1988), S. 46-60

Burns, T. (1991),
Santander reveals 19% rise, Financial Times vom 04.02.1991, S. 21

Cagan, Ph. (1986),
Regulation and the Monetary Economy, in: Lawrence, C. und Shay, R.P. (1986), S. 196-200

Claassen, E.M. (1974),
Die Definitionskriterien der Geldmenge: M1, M2, ... oder Mx?, KuK, Vol. 7 (1974), S. 273-291

Cooley T.F. und LeRoy, S.F. (1981),
Identification and Estimation of Money Demand, AER, Vol. 71 (1981), S. 825-844

Corcoran, P.J. und Wachtenheim, J.A. (1984),
NOWs, Super NOWs, and the Interest Elasticity of Household M-1 Demand, FRBNY, Research Paper No. 8418, 1984

Cowen, T. und Kroszner, R. (1987a),
The Development of the New Monetary Economics, JPE, Vol. 95 (1987), S. 567-590

Cowen, T. und Kroszner, R. (1987b),
Neue Entwicklung in den New Monetary Economics, Zeitschrift für Wirtschaftspolitik, 36. Jg. (1987), S. 207-220

Deutsche Bundesbank (April 1985),
Begebung von DM-Auslandsanleihen, AaPA, Nr. 26, 12.04.1985, S. 1-2

Deutsche Bundesbank (Juli 1985),
Zur Freizügigkeit im Kapitalverkehr der Bundesrepublik mit dem Ausland, MB, Nr. 7, 1985, S. 13-24

Deutsche Bundesbank (Oktober 1988),
Investmentsparen im Aufwind, MB, Nr. 10, 1988, S. 32-39

Deutsche Bundesbank (1989),
Die Deutsche Bundesbank, geldpolitische Aufgaben und Instrumente, 5. Aufl., Frankfurt a.M. 1989

Deutsche Bundesbank (1989),
Geschäftsbericht, Frankfurt a.M. 1989

Deutsche Bundesbank, (April 1989),
Längerfristige Entwicklung des Bankensektors und Marktstellung der Kreditinstitutsgruppen, MB, Nr. 4, 1989, S. 13-22

Deutsche Bundesbank (Juli 1989),
Neue Rahmenbedingungen für DM-Auslandsanleihen, MB, Nr. 7, 1989, S. 16-18

Deutsche Bundesbank (August 1990),
Die neuen Grundsätze I und Ia über das Eigenkapital der Kreditinstitute, MB, Nr. 8, 1990, S. 39-46

Diebold Deutschland GmbH (1986),
Elektronische Zahlungssysteme, Diebold Deutschland GmbH, Wiesbaden 1986

Dombret, A.R. (1987),
Die Verbriefung als innovative Finanzierungstechnik, Frankfurt a.M. 1987

Dornbusch, R. und Fischer, S. (1985),
The World Debt Problem: Origins and Prospects, JDP, No. 16 (1985), S. 57-82

DTB (1990),
Bund-Future, DTB Deutsche Terminbörse GmbH, Frankfurt a.M. September 1990

Dufey, G. (1986),
Finanzinnovationen in den USA - Entwicklung und Bedeutung für das internationale Bankgeschäft, in: Bruns, G. und Häuser, K. (Hrsg.), Innovationen auf den Finanzmärkten, Frankfurt a.M. 1986, S. 171-202

Ebner, M. et al. (1988),
Optionen, Grundlagen und Strategien, Zürich 1988

Engels, W. (1985),
The Competitive Creation of Money: State-defined Currency and Free Issue of Banknotes, ZfWSW, Bd. 105 (1985), S. 589-601

Eucken, W. (1950),
Die Grundlagen der Nationalökonomie, 6. Aufl., Berlin 1965

Fair, R.C. (1987),
International Evidence on the Demand for Money, Review of Economics and Statistics, Vol. 69 (1987), S. 473-480

Fama, E.F. (1980a),
Banking in the Theory of Finance, JME, Vol. 6 (1980), S. 39-57

Fama, E.F. (1980b),
Agency Problems and the Theory of the Firm, JPE, Vol. 88 (1980), S. 288-307

Fama, E.F. (1983),
Financial Intermediation and Price Level Control, JME, Vol. 12 (1983), S. 7-28

Farr, H.T., Porter, R.D. und Pruitt, E.M. (1978),
Demand Deposit Ownership Survey, Improving the Monetary Aggregates-Staff Papers, Board of Govoners, Federal Reserve System, Washington D.C., November 1978, S. 91-116

Felgran, St.D. (1987),
From ATM to PoS Networks: Branching, Access, and Pricing, in: Fraser, D.R. und Rose, P.S. (Hrsg.), Financial Institutions and Markets in a Changing World, 3th. Ed., Texas 1987, S. 675-690

Francke, H.-H. (1987),
Finanzinnovationen und geldpolitische Zwischenzielvariable, in: Köhler, C. und Pohl, R., Sonderdruck aus: Aspekte der Geldpolitik in offenen Volkswirtschaften, Veröffentlichungen des Instituts für Empirische Wirtschaftsforschung, Bd. 25 (1987), S. 167-181

Francke, H.-H. (1988a),
Der Einfluß von Finanzinnovationen auf die Effizienz der Geldangebotskontrolle und des geldpolitischen Instrumentariums, Beihefte zu KuK, Vol. 21 (1988), S. 263-276

Franzen, C. (1988),
Finanzinnovationen - was ist das?, Die Bank, H. 1 (1988), S. 18-20

Friedman, M. (1959),
The Demand for Money: Some Theoretical and Empirical Results, JPE, Vol. 67 (1959), S. 327-351

Friedman, M. (1970),
Controls on Interest Rates Paid by Banks, JMCB, Vol. 2 (1970), S. 15-32

Friedman, M. und Schwartz, A.J. (1963),
A Monetary History of the United States 1867-1960, Princeton University Press 1963

Galbraith, J.K. (1972),
The Great Crash 1929, Boston 1972

Garcia, G. und Pak, S. (1979),
Some Clues in the Case of the Missing Money, AER, Vol. 62 (1979), S. 330-34

Geisler, K.D. (1986),
Zur "Kausalität" von Geldmenge und Sozialprodukt, KuK, Vol. 319 (1986), S. 325-28

Gerhardt, W. (1986),
Fibor, in: WiSt, H. 10 (1986), S. 515-516

Gleske, L. (1986),
Finanzinnovationen aus Sicht der Notenbanken und der Bankenaufsichtsbehörden, in: Die Bank, H. 6 (1986), S. 280-285

Glogowski, E. u. Münich, M. (1986),
Neue Finanzdienstleistungen, Deutsche Bankenmärkte im Wandel, Wiesbaden 1986

Godschalk, H.T.C. (1983),
Computergeld, Entwicklungen und ordnungspolitische Probleme des elektronischen Zahlungsverkehrs, Frankfurt a.M. 1983

Gödde, R. (1988),
Stabilität der Geldnachfrage und Ausgestaltung der Geldpolitik, Köln 1988

Goldfeld, S.M. und Jaffee, D.M. (1970),
The Determinants of Deposit Rate Setting by Savings and Loan Associations, JF, Vol. 25 (1970), S. 615-632

Goldfeld, S.M. (1973),
The Demand for Money Revisited, BPEA, 1973, S. 577-638

Goldfeld, S.M. (1976),
The Case of the Missing Money, BPEA, 1976, S. 683-739

Goldfeld, S.M. und Sichel, D.E. (1990),
The Demand for Money, Friedman, B.M. und Hahn, F.H. (Hrsg.), Handbook of Monetary Economics, Vol. 1, Amsterdam 1990, S. 300-356

Gordon, R.J. (1984),
The Short-Run Demand for Money: A Reconsideration, JMCB, Vol. 16 (1984), S. 403-434

Greenfield, R.L. und Yeager, L.B. (1983),
A Laissez-Faire Approach to Monetary Stability, JMCB, Vol. 15 (1983), S. 302-315

Hall, R.E. (1982a),
Monetary Trends in the United States and the United Kingdom: A Review from the Perspective of New Developments in Monetary Economics, JEL, Vol. 20 (1982), S. 1552-1556

Hall, R.E. (1982b),
Explorations in the Gold Standard and Related Policies for Stabilizing the Dollar, in: Hall, R.E. (Hrsg.), Inflation, Chicago 1982, S. 111-122

Hamburger, M.J. (1977),
Behavior of the Money Stock: Is There a Puzzle? JME, Vol. 3 (1977), S. 265-288

Hayek, F.A. v. (1968),
Der Wettbewerb als Entdeckungsverfahren, Kieler Vorträge, NF 56 (1968)

Hayek, F.A. v. (1976),
Choice in Currency: A Way to Stop Inflation, Institute of Economic Affairs, London, Occasional Papers 48, 1976; wiederabgedruckt in: Colander D.C. (Hrsg.), Solutions to Inflation, New York 1979, S. 93-104

Hayek, F.A. v. (1977),
Entnationalisierung des Geldes, Tübingen 1977

Hellwig, M. (1985),
What Do We Know About Currency Competition?, ZfWSW, Bd. 105 (1985), S. 565-588

Heri, E.W. (1985),
The Short Run Demand for Money in Germany: Some Caveats for Empirical Work, Weltwirtschaftliches Archiv, Bd. 121 (1985), S. 524-540

Herz, B. (1988),
Geldpolitik bei finanziellen Innovationen, Frankfurt a.M. 1988

Hesse, W.E. (1988),
Gesetzesinitiative Geldmarktfond, Die Bank (1988), S. 257-268

Hester, D. (1981),
Innovations and Monetary Control, BPEA, 1981, S. 141-189

Hetzel, R.L. und Mehra, Y. (1989),
The Behavior of Money Demand in the 1980s, JMCB, Vol. 21 (1989), S. 455-63

Humpert, H. (1988),
Nationaler Zahlungsverkehr, in: Kloten, N. und v. Stein, J.H. (Hrsg.), Geld-, Bank- und Börsenwesen, 38. Aufl., Stuttgart 1988, S. 424-452

Illing, G. (1985),
Geld und asymmetrische Information, Berlin-Heidelberg-New York-Tokyo 1985

Issing, O. (1992),
Theoretische und empirische Grundlagen der Geldmengenpolitik der Deutschen Bundesbank, in: Deutsche Bundesbank, AaPA, Nr. 62, 1992, S. 1-8

Jensen, M. und Meckling, W. (1976),
Theory of the Firm: Managerial Behavior, Agency Costs, and Ownership Structure, JFE, Vol. 3 (1976), S. 305-360

Johnson, H.G. (1968),
Problems of Efficiency in Monetary Management, JPE, Vol. 76 (1968), S. 971-990

Judd, J.P. (1983),
Deregulated Deposit Rates and Monetary Policy, FRBSF, Economic Review, 1983, S. 27-44

Judd, J.P. und Scadding, J.L. (1982),
The Search for a Stable Money Demand Function: A Survey of the Post-1973 Literature, JEL, Vol. 20 (1982), S. 994-1023

Kane, E.J. (1983),
Policy Implications of Structural Changes in Financial Markets, in: AER, Vol. 73 (1983), S. 96-100

Kane, E.J. (1984),
Microeconomic and Macroeconomic Origins of Financial Innovations, in: FRBStL (Hrsg.), Financial Innovtions, Boston 1984, S. 3-20

Kilgus, E. (1988),
Finanzinnovationen und Bankbilanz, Die Unternehmung, 42. Jg. (1988), Nr. 1, S. 11-19

Kimball, C.R. (1980),
Variations in the New England NOW Account Experiment, NEER, November/Dezember 1980, S. 23-39

Kindelberger, C. (1973),
The World in Depression 1929-1939, History of the World Economy in the Twentieth Century, Vol. 4, London 1973

Klein, B. (1974),
The Competitive Supply of Money, JMCB, Vol. 6 (1974), S. 423-453

Klein, B. (1974a),
Competitive Interest Payments on Bank Deposits and the Long-Run Demand for Money, AER, Vol. 74 (1974), S. 931-949

Kloten, N. (1992),
The Control of Monetary Aggregates in the Federal Republic of Germany under Changing Conditions, in: Frowen, S. und Kath, D. (Hrsg.), Monetary Policy and Financial Innovations in Five Industrial Countries, London 1992, S. 32-59

Laidler, D.E. (1977),
The Demand for Money: Theories and Evidence, 2. Aufl., New York 1977

Lamfalussy, A. (1990),
Aufsichtsrechtliche Aspekte der internationalen Finanzmärkte, AaPA, Nr. 91, 1990, S. 14-17

Land, G. (1987),
Cash Management, Betriebswirtschaftliche Blätter, 36. Jg. (1987), S. 11-12

Laumas, G.S. und Spencer, D.E. (1980),
The Stability of the Demand for Money: Evidence from the Post-1973 Period, Review of Economic Statistics, Vol. 62 (1980), S. 455-459

Laux, M. (1988),
Geldmarktfonds in Europa, ZfgK, 41. Jg. (1988), S. 330-337

Lawrance, C. und Shay, R. (1986),
Technological Innovation, Regulation, and the Monetary Economy, Cambridge, Mass. 1986

Lerbinger, P. (1985a),
Swap-Transaktionen als Finanzinstrumente, in: Die Bank, H. 5, (1985), S. 245-248

LeRoy, S.F und Lindsey, D.E. (1978),
Determining the Monetary Instruments: A Diagrammatic Exposition, AER, Vol. 68 (1978), S. 929-934

Lindsey, D. et al. (1981),
Monetary Control Experience under the New Operating Procedure, New Monetary Control Procedure, Federal Reserve Staff Study, Vol II, Board of Govenors, Federal Reserve System, Washington D.C., Februar 1981

Lingenfelder, M. (1986),
Cash Management System, in: WiSt, 15. Jg. (1986), S. 459-460

Lusser, M. (1986),
Finanz-Futures und die Notenbank, ZfgK, 39. Jg. (1986), S. 54-58

McCallum, B.T. (1985),
Bank Deregulation, Accounting Systems of Exchange, and the Unit of Account: A Critical Review, Carnegie-Rochster Conference Series on Public Policy, Vol. 23 (1985), S. 13-46

McGibany, J.M. und Nourzad, F. (1985),
Income Taxes and the Income Velocity of Money: An Empirical Analysis, Journal of Macroeconomics, Vol. 7 (1985), S. 523-535

Meinz, T. (1985),
Neue Finanzierungsinstrumente: Kapitalmarktstrukturen im Fluß, ZfgK, 38. Jg. (1985), S. 557-562

Meyer, P.A. (1967),
"Comment on Webber", JF, Vol. 22 (1967), S. 467-470

Milbourne, R. (1986),
Financial Innovation and the Demand for Liquid Asset, JMCB, Vol. 18 (1986), S. 506-11

Miller, S. (1986),
Financiel Innovation, Depository Institution Deregulation, and the Demand for Money, Journal of Macroeconomics, Vol. 8 (1986), S. 279-296

Mundell, R.A. (1970),
The Case for a European Currency, in: Salin, P. (Hrsg.), L'Unification Monetaire Europeenne, Paris 1970, S. 165-209

Neumann, M.J.M. und von Hagen, J. (1987),
Theoretische und empirische Grundlagen von Geldmengenzielen und ihrer Realisierung, in: Gutowski, A. (Hrsg.), Geldpolitische Regelbindung: Theoretische Entwicklungen und empirische Befunde, Berlin 1987, S. 63-111

Niehans, J. (1983),
Financial Innovation, Multinational Banking, and Monetary Policy, JBF, Vol. 7 (1983), S. 537-551

OECD (1990),
Main Economic Indicators, Historical Statistics, Paris 1990

OECD (1990a),
Liberalisation of Capital Movements and Financial Services in the OECD Area, OECD, Paris 1990

O.V., (1990),
Pesetenkonto mit Kreditkarte, FAZ, 13.10.1990, S. 19

Pesek, B. und Saving, T. (1967),
Money, Wealth and Economic Theory, London 1967

Pierce, J.L. (1984),
Did Financial Innovation Hurt the Great Monetarist Experiment?, AER, Papers and Proceedings, Vol. 74 (1984), S. 392-396

Podolski, T.M. (1986),
Financial Innovation and the Money Supply, Oxford 1986

Pöhl, K.O. (1988),
The globalization of financial markets and its impact on the international monetary system, AaPA, Nr. 29, 1988, S. 1-5

Poole, W. (1970),
Optimal Choice of Monetary Policy Instrument in a Simple Stochastic Macro Model, QJE, Vol. 2 (1970), S. 197-216

Poole, W. (1987),
Monetary Policy Lessons of Recent Inflation and Disinflation, JEP, Vol. 2 (1988), S. 73-100

Porter, R.D., Simpson, T.D. und Mauskopf, E. (1979),
Financial Innovation and the Monetary Aggregates, BPEA, 1979, S. 213-229

Porter (1980),
Competitive Strategy: Techniques for Analyzing Industries and Competitions, New York 1980

Porter, R.D., Spindt, P.A. und Lindsey, D.E. (1987),
Econometric Modeling of the Demands for the U.S. Monetary Aggregates: Conventional and Experimental Approaches, Special Studies Paper 217, Federal Reserve Board of Govenors 1987

Radecki, L.J. und Wenninger, J. (1985),
Recent Instability in M1 Velocity, Quartzerly Review, FRBNY, 1985, S. 16-22

Rasche, R.H. (1987),
M1-Velocity and Money Demand Functions: Do Stable Relationships Exist?, Carnegie Rochester Conference Series on Public Policy, Vol. 27 (1987), S. 9-88

Reither, F. (1985),
Mindestreserven und gesamtwirtschaftliche Steuerung, WD, 65. Jg. (1985), S. 503-509

Revell, J.R.S. (1983),
Banking and Electronic Fund Transfer, Trends in Banking Structure and Regulation in OECD Countries, OECD (Hrsg.), Paris 1983

Roggemann, G. (1989),
Der Terminkontrakt auf Bundesanleihen, in: Braunberger, G. und Knipp, Th. (Hrsg.), Die Deutsche Terminbörse, Frankfurt a.M. 1989, S. 85-102

Roley, V. (1985),
Money Demand Predictability, JMCB, Vol. 17 (1985), S. 611-641

Ruckriegel, K. (1989),
Finanzinnovationen und nationale Geldpolitik: Neuordnung im finanziellen Sektor: Darstellung und Analyse ihrer Implikationen für das geldpolitische Konzept der Deutschen Bundesbank, Bayreuth 1989

Rush, M. (1980),
Comment and Further Evidence on "Implicit Interest on Demand Deposits", JME, Vol. 6 (1980), S. 437-451

Santomero, A.M. (1984),
Modelling the Banking Firm: A Survey, JMCB, Vol. 16 (1984), S. 576-602

Santomero, A.M. und Siegel, J.J. (1981),
Bank Regulation and Macro-Economic Stability, AER, Vol. 71 (1981), S. 39-53

Santomero, A.M. und Siegel, J.J. (1986),
Deposit Deregulation and Monetary Policy, Carnegie Rochester Conference Series, No. 24 (1986), S. 179-224

Schimmelmann, W. v. (1987),
PoS und Home Banking - Kundenbedürfnis oder Träumerei für Techniker?, in Krümmel, H.J. u. Rudolph, B. (Hrsg.), Bankmanagement für neue Märkte, Frankfurt a.M. 1987, S. 196-210

Schlesinger, H. (1988),
Das Konzept der Deutschen Bundesbank, in: Ehrlicher, W. und Simmert, D.B. (Hrsg.), Wandlungen des geldpolitischen Instrumentariums der Deutschen Bundesbank, Berlin 1988, S. 3-20

Schneider, R. (1987),
Gibt es dauerhafte Veränderungen der Umlaufsgeschwindigkeit des Geldes? Eine empirische Analyse für die Bundesrepublik Deutschland, Berlin 1987

Schröder, W. (1988),
Die Globalisierung der Finanzmärkte, Folgen für die Geldpolitik, WD, Vol. 69 (1989), S. 378-384

Schwolgin, A. (1986),
Finanzielle Innovationen und Mindestreservepolitik, Reformvorschläge aufgrund amerikanischer und deutscher Entwicklungen, Frankfurt a.M. 1986

Sijben, J.J. (1988),
Financial Innovations, Monetary Policy, and Financial Stability, KuK, Vol. 21 (1988), S. 45-66

Silber, W.L. (1975),
Towards a Theory of Financial Innovation, in: Silber, W.L. (Hrsg.) Financial Innovation, Lexington 1975, S. 53-85

Silber, W.L. (1983),
The Process of Financial Innovation, in: AER, Vol. 73 (1983), S. 89-95

Spindt, P.A. (1985),
Money is what money does: Monetary aggregation and the equation of exchange, JPE, Vol. 93 (1985), S. 175-204

Startz, R. (1979),
Implicit Interest on Demand Deposits, JME, Vol. 5 (1979), S. 515-534

Startz, R. (1983),
Competition and Interest Rate Ceilings in Commercial Banking, QJE, Vol. 98 (1983), S. 255-265

Stone, C.C. und Thornton, D.L. (1987),
Solving the 1980s' Velocity Puzzle: A Progress Report, Review, FRBStL, Vol. 69 (1987), S. 5-23

Storck, E. (1983),
Zins- und Währungsswap am Euromarkt, in: Die Bank, H. 10 (1983), S. 459-464

Streit, J. (1986),
Finanzinnovationen, Deregulierung und Geldmengensteuerung in den USA, Tübingen 1986

Summers, L.H. (1983),
Comments, "On the Economics of Private Money" by Robert King, JME, Vol. 12 (1983), S. 159-162

Timm, H. (1979),
Entnationalisierung des Geldes? Einige kritische Bemerkungen zu einem revolutionären Vorschlag, in: Bohley, P. und Tolkemitt, G. (Hrsg.), Wirtschaftswissenschaft als Grundlage staatlichen Handelns, Heinz Haller zum 65. Geburtstag, Tübingen 1979

Tinsley, P.A., Garrett, B. und Friar, M. (1981),
An Expose of Disguised Deposits, Journal of Econometrics, Vol. 15 (1981), S. 117-137

Tobin, J. (1969),
A General Equilibrium Approach to Monetary Theory, JMCB, Vol. 1 (1969), S. 15-29

Tobin, J. (1983),
Financial Structure and Monetary Rules, KuK, Vol. 16 (1983), 16, S. 155-171

Tobin, J. (1986),
Monetary Control in a Brave New World, in: Lawrence, C. und Shay, R.A. (Hrsg.), Technological Innovation, Regulation, and the Monetary Economy, Cambridge, Mass. 1986, S. 190-195

Vaubel, R. (1976),
Freier Wettbewerb zwischen Währungen?, WD, Vol. 56 (1976), S. 422-428

Vaubel, R. (1984),
The Government's Money Monopoly: Externalities or Natural Monopoly?, Kyklos, Vol. 37 (1984), S. 27-58

Vaubel, R. (1985),
Competing Currencies: The Case for Free Entry, ZfWSW, 36. Jg. (1985), S. 547-564

Wallace, N. (1983),
A Legal Restrictions Theory of the demand for "Money" and the Role of Monetary Policy, FRBM, Quarterly Review, Vol. 7 (1983), S. 1-7

Wallace, N. (1986),
The Impact of New Payment Technologies - A Macro View, in: Lawrence, C. und Shay, R. (1986), S. 201-206

Weber, G.I. (1966),
Interest Rates on Mortgages and Dividend Rates on Savings and Loan Shares, JF, Vol. 21 (1966), S. 515-521

Welcker, J. und Thomas, E. (1981),
Finanzanalyse, München 1981

Wenninger, J. (1984),
Financial Innovation, A Complex Problem Even in a Simple Framework, FRBNY, Quarterley Review, No. 2, 1984, S. 1-8

Wenninger, J. (1986),
Responsivness of Interst Rate Spreads and Deposit Flows to Changes in Market Interest Rates, FRBNY, Quarterley Review, No. 3, 1986, S. 1-10

Wenninger, J. und Sivesind, C.M. (1979),
Defining Money for a Changing Financial System, FRBNY, Review, Vol. 4 (1979), S. 1-8

White, K.J. (1976),
The Effect of Bank Credit Cards on the Household Transaction Demand for Money, JMCB, Vol. 8 (1976), S. 51-61

Wickenkamp, (1988),
Internationaler Zahlungsverkehr, in: Kloten, N. und v. Stein (Hrsg.), Geld-, Bank- und Börsenwesen, 38. Aufl. Stuttgart 1988

Zdrahal, P. (1988),
Finanzinnovationen aus Sicht der Österreichischen Nationalbank, ÖBA, 1988, S. 226-234

Zmarzly, S. (1990),
Finanzinnovationen und Geldmengensteuerung, Köln 1990

FSC
www.fsc.org
MIX
Papier | Fördert gute Waldnutzung
FSC® C083411

Kolibri 360 GmbH
Ferdinand-Jühlke-Straße 7
99095 Erfurt, Deutschland
produktsicherheit@kolibri360.de